中 华 传 统 文 化 主 题 故 事 读 本

# 爱国励志

高滨 杜威 主编

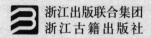
浙江出版联合集团
浙江古籍出版社

图书在版编目（CIP）数据

中华传统文化主题故事读本.爱国励志/高滨,杜威主编.—杭州:浙江古籍出版社,2018.6（2019.12重印）
ISBN978-7-5540-1244-4

Ⅰ.①中… Ⅱ.①高… ②杜… Ⅲ.①中华文化-青少年读物 Ⅳ.①K203-49

中国版本图书馆CIP数据核字（2018）第088941号

## 中华传统文化主题故事读本·爱国励志

高 滨 杜 威 主 编

| | |
|---|---|
| **出版发行** | 浙江古籍出版社 |
| | （杭州市体育场路347号） |
| **网　　址** | www.zjguji.com |
| **选题策划** | 关俊红 |
| **责任编辑** | 伍姬颖 |
| **文字编辑** | 石　梅 |
| **责任校对** | 余　宏 |
| **美术设计** | 刘　欣 |
| **封面绘图** | 懒懒灰兔 |
| **责任印务** | 楼浩凯 |
| **照　　排** | 杭州兴邦电子印务有限公司 |
| **印　　刷** | 杭州丰源印刷有限公司 |
| **开　　本** | 880mm×1230mm　1/32 |
| **印　　张** | 5.5 |
| **字　　数** | 150千字 |
| **版　　次** | 2018年6月第1版 |
| **印　　次** | 2019年12月第3次印刷 |
| **书　　号** | 978-7-5540-1244-4 |
| **定　　价** | 18.00元 |

# 总序

习近平总书记在《在纪念孔子诞辰 2565 周年国际学术研讨会暨国际儒学联合会第五届会员大会开幕会上的讲话》中指出："包括儒家思想在内的中国优秀传统文化中蕴藏着解决当代人类面临的难题的重要启示，比如，关于道法自然、天人合一的思想，关于天下为公、大同世界的思想，关于自强不息、厚德载物的思想，关于以民为本、安民富民乐民的思想，关于为政以德、政者正也的思想，关于苟日新日日新又日新、革故鼎新、与时俱进的思想，关于脚踏实地、实事求是的思想，关于经世致用、知行合一、躬行实践的思想，关于集思广益、博施众利、群策群力的思想，关于仁者爱人、以德立人的思想，关于以诚待人、讲信修睦的思想，关于清廉从政、勤勉奉公的思想，关于俭约自守、力戒奢华的思想，关于中和、泰和、求同存异、和而不同、和谐相处的思想，关于安不忘危、存不忘亡、治不忘乱、居安思危的思想，等等。"

为了深入挖掘和阐发中华优秀传统文化的内在价值，让青少年感受其精髓，深化其根基，我们策划了《中华传统文化主题故事读本丛书》。本套丛书共八册，分别是《顺天应时》《爱国励志》《修身齐家》《清廉简约》《诚信仁爱》《勤勉敬业》《勇毅果敢》《革故鼎新》。

希望本套丛书能充分发挥故事的力量，让青少年不但获得中华优秀传统文化的滋养，更能以古代杰出人物为榜样，有所领悟，有所获得，有所借鉴。

# 目录

烛之武退秦师 / 001

居安思危 / 003

退避三舍 / 005

弦高犒师 / 008

越王勾践卧薪尝胆 / 010

唐雎不辱使命 / 013

爱国诗人屈原 / 015

约法三章 / 018

司马迁发愤写《史记》 / 020

张骞出使西域 / 023

匈奴未灭，何以家为 / 028

苏武牧羊 / 030

赵充国大破西羌 / 034

终军请缨 / 037

投笔从戎 / 039

中流击楫 / 042

"岭南圣母"冼夫人 / 045

张巡守睢阳 / 048

颜常山舌 / 052

郭子仪和李光弼团结为国 / 055

郭子仪单骑退回纥 / 057

武元衡力主削藩 / 061

张议潮收复河西 / 064

沈括出使 / 067

李纲坚守东京 / 069

赵鼎气壮山河 / 071

韩世忠以巧制敌 / 074

梁红玉击鼓战金山 / 078

岳飞精忠报国 / 080

杨再兴血战小商河 / 083

"宋之苏武"洪皓 / 085

刘锜顺昌创奇功 / 087

辛弃疾生擒张安国 / 090

魏胜收复海州 / 092

虞允文大战采石矶 / 097

襄樊之战张顺、张贵身死为
   国殇 / 101

杜杲让元人不能进跬步 / 103

文天祥宁死不屈 / 105

崖山海战 / 108

南宋孤臣谢枋得 / 110

于谦保卫北京城 / 112

戚继光抗倭 / 115

抗倭名将俞大猷 / 118

李如松鏖战平壤 / 121

袁崇焕大战宁远 / 126

卢象昇巨鹿殉国 / 129

史可法血战扬州 / 133

抗清义士黄道周 / 137

雅克萨之战 / 139

雪海风清萨布素 / 142

土尔扈特东归 / 145

林则徐虎门销烟 / 148

关天培浴血虎门 / 151

陈化成血染吴淞口 / 153

三元里抗英 / 156

甲午忠魂邓世昌 / 158

聂士成血祭八里台 / 161

让倭寇胆寒的将军马玉昆 / 163

冯子材镇南关大捷 / 166

秦、晋围郑发生在公元前 630 年。在这之前，郑国有两件事得罪了晋国。一是晋文公重耳当年逃亡路过郑国时，郑国没有以礼相待；二是在公元前 632 年的晋、楚城濮之战中，郑国曾出兵帮助楚国。结果，城濮之战以楚国失败告终。郑国感到形势不妙，马上派使臣出使晋国，与晋结好。但是，晋文公重耳为了争夺霸权，还是在两年后联合秦穆公围攻了郑国。之所以联合秦国，是因为秦国当时也要争夺霸权，需要向外扩张。两国出兵后，晋军驻扎在函陵，秦军驻扎在汜水的南面。

郑国大夫对郑伯说："郑国处于危险之中，如果能派烛之武去见秦伯，一定能说服他们撤军。"郑伯同意了。烛之武推辞说："我年轻时，尚且不如别人；现在老了，不能干什么了。"郑文公说："我早先没有重用您，现在危急之中求您，这是我的过错。然而郑国灭亡了，对您也不利啊！"烛之武听后便答应了。

夜晚，郑军用绳子将烛之武从城上放下。见到秦穆公，烛之武说："秦、晋两国围攻郑国，郑国已经知道要灭亡了。如果灭掉郑国对您有好处，那么我怎敢冒

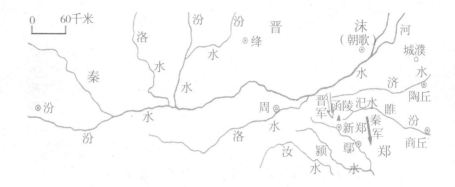

昧地用这种方式来麻烦您呢？越过晋国把远地郑国作为秦国的边邑，您知道这是很困难的，为什么要灭掉郑国而给邻国增加土地呢？邻国的国力雄厚了，秦国的国力也就相对削弱了。如果您放弃围攻郑国而把它当做东方道路上接待过客的主人，出使的人来来往往，郑国可以随时供给他们缺少的东西，对您的秦国来说，也没有什么害处。而且您曾经给了晋惠公许多好处，晋惠公曾答应给您焦、瑕二座城池。然而，他早上渡过黄河回国，晚上就修筑防御工事，这您是知道的。晋国何时才能满足呢？现在它已经在东边使郑国成为它的边境，又想往西扩大边界。如果不侵损秦国，将从哪里得到它所贪求的土地呢？削弱秦国对晋国有利，希望您考虑这件事！"秦穆公心里赞同，便与郑国签订了盟约。秦国就此撤军，并派杞子、逢孙、杨孙守卫郑国。

子犯请求袭击秦军。晋文公说："不行！假如没有那人的力量，我是无法获得今日的地位的。依靠别人的力量又反过来损害他，这是不仁义的；失掉自己的同盟国，这是不明智的；用散乱代替整编，这是不符合武德的。我们还是回去吧！"于是晋军也撤离了郑国。

　　春秋时代，晋悼公刚当上晋国国君，便开始举贤任能，革除弊政，并采纳魏绛的建议，与北方的戎狄结盟，解除了后顾之忧，从而有能力与强大的楚国争霸。

　　位于晋、楚两国之间的郑国与晋国是同姓国，一向臣服于晋国。但楚国来攻打时，郑国转而屈服于楚国；晋国出兵来援助，郑国又转向晋国；等晋国一撤兵，郑国又背晋投楚了。晋悼公对郑国这种"首鼠两端"的做法非常恼火。

　　不久，晋悼公召集了宋、卫、齐、曹等十二国联合起来攻打郑国。那时（前562）联军先后集聚在郑国的都城新郑。郑简公如惊弓之鸟，立刻派王子伯骈到诸侯军的大营请罪求和。晋悼公见郑简公已经屈服，也就顺水推舟同意郑国与宋、卫、齐、曹等国讲和结盟。郑简公为表示感谢，给晋悼公送了一份厚礼。其中有三个著名的乐师，十六个漂亮的歌女，以及一批精美的乐器。这次行动大大地提高了晋国在诸侯国中的声望，晋悼公非常高兴。他想起了出谋划策的魏绛，便决定把郑国送来礼物中的一半赏给魏绛。魏绛推辞说："这都是君上您的威严和仁德，还有各位大臣的功劳呀！现在晋国虽然强大了，但绝不能大意，人在安全的时候，要想到危险可能随时发生，必须先做好准备，以避免灾祸发生。古书上说'居安思危'。'能思'，才能'有备'；'有备'，才能'无患'。君上要是真记住这句话，就可以长久地享受像今天这样的快乐了。"晋悼公听完魏绛的话，知道他看得长远，心系国家社稷，从此对他更加尊敬。

春秋时代，晋国公子重耳的父亲晋献公听信骊姬谗言，要立骊姬的儿子奚齐为太子。为此，骊姬害死了太子申生，还要捉拿重耳。重耳为避祸，带着狐偃、赵衰、颠颉、魏犨、胥臣等人开始了长达十九年的流亡生活。历经苦难磨练，尝遍世态炎凉。

重耳来到楚国，楚成王认为重耳将来会大有作为，就用对待诸侯的礼节招待他。重耳则表现得十分谦虚。宴会上，楚成王端着酒杯笑着问道："假如你能回到晋国即位，将怎样报答我啊？"重耳也微笑着说："楚国地域广阔，国富民强，珍宝奇物应有尽有，我真不知道拿什么来报答您。"楚成王又接着问道："你真的不知道怎样报答我吗？"重耳欠身回答："假如晋国和楚国在战场上相遇，我将'退避三舍'，也就是后退九十里，再与你周旋。"楚国大将子玉听后勃然大怒，说："重耳出言不逊，我杀了他。"楚成王摇了摇头说："晋公子重耳品德高出一般人，又经历过各种苦难，跟随他的人都是贤才。这些都是上天的安排吧！再说从国家间的利益来讲，他说的也没有错呀，为什么要杀了他呢？"重耳在楚国住了

几个月后又到了秦国，秦穆公把同宗的五个女子嫁给了重耳。公元前636年春天，重耳在秦国的护送下回到晋国。不久，重耳即位，是为晋文公。

晋文公重耳励精图治，成为春秋时一代霸主。为了扩大版图，晋国不断向中原扩张。这就和想称霸中原的楚成王产生了矛盾。公元前634年，楚成王以宋国投靠晋国为借口，纠集陈、蔡、郑、许四国诸侯军攻打宋国。宋国向晋国求救。

晋国权衡利害。狐偃说："曹、卫与楚结盟，必是我国的仇敌。如果我们攻打曹、卫，楚国一定会去救援，宋国之围也就解了。"晋文公采用了狐偃的建议，出兵打击曹、卫。曹、卫迫于形势，与楚国断交，归顺晋国。楚成王不愿与晋文公发生正面冲突，曾几次下令，让子玉撤兵回国。但子玉一怒之下，挥师向晋国发动全面进攻。晋军大将先轸正要与楚军正面决战，狐偃说道："我军应当先履行诺言，'退避三舍'。先礼后兵，才能理直气壮。"在楚军的步步紧逼下，晋军后退了九十里，在城濮设防。有军士报告说："齐、秦、宋三国军队前来共同抵抗楚军。"楚军的副将斗勃劝子玉说："晋军一再后退，已经给足了我们面子，咱们撤吧！"子玉说道："将在外君命有所不受，如果打胜了，可将功补过；要是打败了，由我承担责任。"于是，继续向城濮进军。

晋军大将狐毛迎战，大败而走。子玉指挥楚军，大声说："晋军不堪一击！追！杀他个人仰马翻。"楚军不顾一切地追击。忽然响起一阵"咚咚"鼓声，晋军又杀了回来。斗勃驱着战车，挥动着长枪，和狐毛战在一起。这时，事先埋伏好的晋军主力，由先轸指挥，以迅雷不及掩耳之势，把楚军拦腰切断。子玉感到形势不妙，急令撤退。但已经来不及了，齐、秦、宋的军队早已切断了楚军的退路。陈、蔡、郑、许四国诸侯军也被打散了。这时，先轸传达了晋文公的命令："把楚军赶走，但不能追杀，以此报答楚成王以前的恩情！"

弦高犒师

公元前 628 年，郑文公去世，公子兰继承君位。一心想要向东扩张的秦穆公决定利用这个机会消灭郑国。他命令大将孟明视、西乞术、白乙丙带领兵车 400 辆偷袭郑国。

秦军主力进入晋国的附属国滑国以后，碰到了郑国的一个商人，这个商人名叫弦高。弦高当时正带着皮货，赶着一群牛，要到成周去贩卖，迎面看见奔袭而来的秦军，他大吃一惊。经过一番察探，他发现他们要偷袭郑国。弦高想："秦国是虎狼之国，专门侵略别国。这次又悄悄地进兵，郑国什么准备都没有，一定要吃亏。我是郑国人，绝不能看着郑国灭亡。"

他马上写了一封信，叫人连夜送到郑国，让郑国做好迎战的准备，自己则换上阔气的衣服，精选了四张熟牛皮和十二头又大又肥的牛，向秦军迎去。他对秦军的前哨说："请你向你们的主帅报告一声，说郑国的使臣求见。"秦军统帅孟明视大吃一惊，想："我们悄悄地出兵，他们怎么会知道？"心中虽然疑窦重重，但他还是马上就接见了弦高，以探听郑国的消息。弦高见到

　　中华传统文化主题故事读本·爱国励志

孟明视后，说："我们国君知道将军将要到来，特派我带牛来慰劳贵国的军队。"孟明视仍有些怀疑，就问："为什么没有拿国书？"弦高说："我们国君听说将军带的是轻装部队，而且是夜间行动，赶紧准备还来不及，所以先派我来问问将军为什么来到我国。国书随后就到。"孟明视听了这话，以为郑国真有准备，便不敢继续前进，只好就地安营，暗中派人到郑国去探听消息。

这时的郑国早已接到弦高的告急信，调兵遣将，严防死守准备迎战。同时，郑君派大臣带上国书，来见秦军将领。

秦军的探子到郑国一看，只见城上刀枪如林，城外还有许多军队，路上对行人的查问很紧。孟明视听到探子的回报后，心想："既然郑国已有准备，攻城恐怕打不进去，围城又兵少接济不上。"只得欺骗郑国的使者说："我们是来打猎的，请郑国放心。"秦军被迫放弃了偷袭计划，灭了滑国后便打道回府了。

郑国因为弦高而得救，国君和百姓都很感激他。郑穆公要赏赐弦高白银和土地，弦高都婉言谢绝了。他说："保卫国家人人有责，这次我只是尽了我应尽的责任。忠于国家是理所当然的，如果我接受赏赐，这不是把自己当作外人了吗？"

越王勾践卧薪尝胆

吴王阖闾打败楚国，成了南方霸主。吴国跟紧邻的越国（都城在今浙江绍兴）素来不和。公元前496年，越王勾践即位。吴王趁越国刚刚遭遇丧事，发兵攻打越国。吴越两国在槜李（今浙江嘉兴西南）发生了一场大战。

吴王阖闾满以为可以打赢，没想到却打了个败仗，自己还中箭受了重伤，再加上上了年纪，他回到吴国不久就咽了气。吴王阖闾死后，其子夫差即位。阖闾临死时对夫差说："不要忘记为我报仇。"

过了两年，吴王夫差亲自率领大军攻打越国。越国有两个很能干的大夫，一个叫文种，一个叫范蠡。范蠡对勾践说："吴国练兵快三年了。这回决心报仇，来势凶猛。咱们不如守住城，不要跟他们作战。"勾践不同意，坚持要去跟吴国人拼个死活。两国的军队在太湖一带进行了激烈的交战。越军大败。

越王勾践带了五千残兵败将逃到会稽，被吴军层层围困起来。勾践此时无计可施，他懊悔地对范蠡说："我后悔没有听你的话，弄到这步田地。现在该怎么办？"

范蠡说："咱们赶快去求和吧。"

勾践派文种到吴王营里去求和。文种便在夫差面前把勾践愿意投降的意思说了一遍。吴王夫差想同意，可是伍子胥坚决反对。

文种回去后，打听到吴国的伯嚭是个贪财好色的小人，就把一批美女和珍宝私下送给伯嚭，请伯嚭在夫差面前说说好话。

经过伯嚭的一番劝说，吴王夫差为了显示自己的宽宏大量，不顾伍子胥的反对，答应了越国的求和，但是有个条件，就是要勾践亲自到吴国来。

勾践带着妻子到了吴国后，夫差让他们夫妇俩住在阖闾大坟旁边的一间石屋里，并叫勾践给他喂马。范蠡则跟着勾践做奴仆的工作。夫差每次坐车出去，勾践都给他牵马。夫差病了，勾践就殷勤服侍。这样过了两年，夫差认为勾践已经真心归顺了他，就放勾践回国了。

勾践回到越国后，立志报仇雪耻。他唯恐被眼前的安逸消磨了志气，便在吃饭的地方挂上一个苦胆，每逢吃饭的时候，就先尝一尝苦味，并问自己："你忘了会稽的耻辱吗？"他还把席子撤去，用柴草当作褥子。这就是后来人传诵的"卧薪尝胆"。他采取了种种措施发展生产，让越国人安居乐业。他还亲自参加耕种，叫夫人自己织布，以此鼓励生产。因为越国之前遭遇过亡国的灾难，人口大大减少，他又制订出奖励生育的制度。

勾践见国内生产迅速发展，越国军民斗志昂扬，便打算向吴国发起进攻。大臣范蠡、文种等人认为时机还不成熟，劝勾践不要急于求成。勾践听取了他们的建议。

后来，吴王夫差一心想当霸主，出兵攻打齐国，搞得国内怨声载道。勾践认为机会来了，便分水陆两路向吴国进攻。越国军队轻而易举地攻入了吴国都城姑苏，烧毁了姑苏台。这时夫差已无力击退越国军队，只好派人向勾践求和。勾践仔细衡量了一下，认为自己的兵力还不足以彻底征服吴国，也就答应了议和，得胜而归。

过了四年，勾践又出兵进攻吴国，以雷霆万钧之势歼灭了吴国的军队。吴王夫差再次派人求和，被勾践拒绝了。夫差自杀。

勾践灭了吴国后，乘胜北进中原，在徐州大会诸侯，成为春秋末期的一代霸主。

唐雎，战国时代魏国著名策士。为人有胆有识，忠于使命，不畏强权，敢于斗争并勇于为国献身。

秦始皇二十二年（前225），秦国灭掉魏国之后，想以"易地"之名占领安陵。秦王派人对安陵君说："我想用方圆五百里的土地交换安陵国，安陵君一定要答应我啊！"安陵君说："大王给予恩惠，用大片的土地交换小块的土地，我很感激。即使如此，我从先王那里接受了封地，愿意始终守卫它，实在不敢交换啊！"秦王听后很生气。于是安陵君派遣唐雎出使秦国。

秦王对唐雎说："我用方圆五百里的土地交换安陵，安陵君不答应，这是为什么呢？况且秦国已经灭了韩国，亡了魏国，而安陵君却凭借方圆五十里的土地幸存下来，那是因为我把安陵君当作忠厚的长者，所以才没打他的主意。现在我用十倍于安陵的土地，让安陵君扩大领土，但是他却违背我的意愿，这是轻视我吗？"唐雎回答说："不，不是像您说的这样。安陵君从先王那里接受了封地并且保卫它，即使是方圆千里的土地也不敢交换，何况仅仅是五百里呢？"

秦王勃然大怒，对唐雎说："你听说过天子发怒吗？"唐雎回答说："我未曾听说过。"秦王说："天子发怒，倒下的尸体有百万具，血流千里。"唐雎说："大王听说过平民发怒吗？"秦王说："平民发怒，不过是摘掉帽子光着脚，把头往地上撞罢了。"唐雎说："这是平庸无能的人发怒，不是有才能、有胆识的人发怒。从前专诸刺杀吴王僚的时候，彗星的尾巴扫过月亮；聂政刺杀韩傀的时候，一道白光直冲上太阳；要离刺杀庆忌的时候，苍鹰扑到宫殿上。这三个人都是出身平民而有胆识的人，心里的愤怒还没发作出来，上天就降下了征兆。现在，专诸、聂政、要离加上我，就要成为四个人了。如果有才能和胆识的人一定要发怒的话，就要使两具尸体倒下，血流五步远，天下百姓都要穿孝服，现在就是这样。"于是他起身拔出宝剑，想要与秦王同归于尽。

　　秦王见状，变了脸色，直身向唐雎道歉说："先生请坐！怎么会到这种地步！我明白了：韩国、魏国灭亡，然而安陵却凭借五十里的土地幸存下来，只是因为有先生啊！"

屈原是我国伟大的爱国主义诗人、政治家，战国末期楚国人。他与楚王同姓，是楚武王熊通之子屈瑕的后代。屈瑕被封在屈这个地方，本为地名的"屈"后来便成了他们这一支的氏了。屈原早年受过良好的教育，博闻强志，志向远大。

屈原受楚怀王信任，曾任左徒、三闾大夫，兼管内政外交大事。吴起之后，楚国另一个主张变法的人就是屈原。战国时代，秦、韩、赵、魏、燕、齐、楚七雄争城夺地，互相侵伐。当时秦国是最强大的国家，时常对外侵略，人们称它为"虎狼之国"。除秦国外，南方的楚国是个大国，东边的齐国也很有实力。所以齐、楚联合起来，是对付秦国的最好办法。屈原早就看出了这一点。所以，他提倡"美政"，主张对内举贤任能，修明法度，对外联齐抗秦。

秦国向东出兵攻打魏、韩两国。魏、韩两国抵挡不住，献地求和。秦国的矛头于是指向了楚国。

楚国本来与齐国有约定，秦国来攻时，互相救助。秦国看齐、楚联合起来，力量强大，难以攻破，就派张仪到楚国去挑拨离间。张仪到楚国之前，已经派人在楚国收集情报，他知道楚怀王身边有一群自私自利的家伙。他们是令尹子椒、上官大夫靳尚，还有楚怀王宠爱的妃子郑袖等。张仪准备了礼物收买他们。这些人见利忘义，不顾大局，收了秦国的贿赂，当然要替秦国说话。

张仪到了楚国，对楚王和大臣们说："你们和齐国交好，有什么好处呢？如果你们与齐国绝交，和秦国结盟，秦国就把商於六百里的土地送给你们，这可是天大的好事啊！"屈原是个头脑清醒、有政治眼光的人，他赶紧对楚怀王说："我们不能与齐国断交，那张仪专门来挑拨我们与其他国的关系，让我们自相残杀，好让秦国各个击破，兼并六国。张仪说要给我们商於六百里土地，大家都知道秦国向来是不讲信用的，我们不能相信他的鬼话，中他们的圈套。"楚怀王十分昏庸，他不但不采纳屈原的意见，还兴奋地说："秦国是个大国，我们现在与齐国绝交，秦国就和我们联合，还给我们商於六百里的土地，我们为什么不干呢？"怀王的妃子郑袖也替秦国说话，里里外外，那些奸佞小人包围了楚怀王，把楚怀王说得更糊涂了。他对张仪说："你能够使秦国和我们联合，我很满意。我们一定和齐国绝交，和秦国联合，接收商於六百里土地。"屈原听说怀王答应与齐国绝交，急忙去见怀王，说："要是真的与齐国绝交，那不但有害于齐国，更不利于我们自己的国家，这事情办不得。"郑袖、靳尚等人接受过秦国的贿赂，便在怀王面前说屈原的坏话，千方百计使怀王疏远屈原。

这样一来，楚国与齐国真的断了交。为了表示对秦国的忠诚，怀王还派遣使者到齐国辱骂齐王。屈原则因遭到贵族排挤毁谤，被先后流放至汉北和沅汀流域。屈原含冤离去时说："你们这些人，害的不是我，而是我们的楚国啊。"

后来，楚怀王派使者去秦国，索要张仪许诺的六百里土地。张仪耍赖不承认，硬说是六里，不是六百里。怀王听后大怒，派兵攻打秦国。结果楚国大败，失去了汉中一大片土地，损失八万多人马，怀王自己也成了俘虏，并死在了秦国。楚国从此走向衰落。

怀王死后，顷襄王即位，子兰为令尹，屈原被召回任用。但子兰在新王面前说屈原的坏话，顷襄王听信谗言，又把屈原流放到了大江以南。

公元前 278 年，秦国大将攻破楚国郢都。屈原愤怒无奈，写下诸多诗篇抒发自己的愤懑，如《离骚》《九歌》等。他决心用自己的生命来警告卖国的奸邪，激励人民的斗志，最终抱着石头自沉在汨罗江中。

屈原是我国浪漫主义文学的奠基人，被誉为"中华诗祖""辞赋之祖"。他是"楚辞"的创立者和代表作家，开辟了"香草美人"的文学传统。屈原的出现，标志着中国诗歌由集体歌唱进入到个人独创的新时代。

约法三章

秦朝赋税、徭役繁重，刑罚严酷，民不聊生，终于爆发了陈胜、吴广起义。全国纷纷响应，在各路起义军中，沛县刘邦组织的义军声威较高。强大的秦王朝则在农民起义的浪潮中迅速走向衰亡。

公元前 206 年，刘邦率领本部人马进军咸阳，一路上军纪严明，受到老百姓的拥护，而且没有遇到秦军的有效抵抗，很顺利地打到秦都咸阳东面的霸上。秦王子婴手捧着玉玺、兵符和节杖，带着满朝大臣出城向刘邦投降。刘邦的将军们要求把子婴杀了。刘邦却说："当初怀王派我攻打咸阳，就是让我做仁义之师，行宽厚之事。现在人家已经投降了，却要把他杀了，这不仁义。"于是就收了玉玺、兵符和节杖，叫将士把子婴看管起来，随后大军进入咸阳。刘邦在将士的簇拥下来到皇宫，一看，宫殿金碧辉煌，美女如云，各种金银财宝堆积如山。刘邦想住在皇宫，好好享受享受。部将樊哙劝说道："您不要留在宫中，应该撤军霸上。"刘邦百思不得其解，问道："为什么？"樊哙回答："反正您不能住在这里。"刘邦不愿听樊哙的劝告。恰巧谋士张良听到了他们的谈话，便对刘邦说道："秦倒行逆施，抢夺天下财宝，离散世间亲情，供他们无止境的享乐，因此导致了灭亡。现在我们刚攻入咸阳，就开始贪图安逸，这是走秦朝灭亡的老路啊！樊将军说的没错，赶快离开这里，回到霸上驻军。"刘邦醒悟过来，立刻下令封闭皇宫的所有仓库，把军队驻扎在霸上。

刘邦依照张良的建议，召集来附近地区有名望的父老乡亲，对他们说："大家被暴秦统治很久了，导致家破人亡，妻离子散，我到这里是为百姓除害，让大家安居乐业。现在我与父老乡亲们约法三章：第一，杀人者偿命；第二，伤人者治罪；第三，偷盗者治罪。暴秦的法令全部废除。"百姓听后，非常高兴，纷纷牵着牛羊来犒军。正是因为此举，刘邦在关中百姓的心中留下了很好的印象，深受百姓拥戴。

## 司马迁发愤写《史记》

司马迁是我国伟大的史学家、文学家。他在史官家庭中长大，受到良好的文化熏陶，自幼就养成了读书的习惯。他的父亲司马谈是当时的太史令，年幼的司马迁在父亲指导下习字读书，翻阅国家收藏的各种文献资料。他还向儒学大师孔安国学习古文《尚书》，向董仲舒学习公羊派《春秋》。

司马迁二十岁时开始游历天下，他从京师长安出发向东南行，出武关，亲临汨罗江屈原自沉的地方，在湘江上游考察舜帝南巡的故事，又到沅水考察"禹疏九江"的传说。游历了江南之后，他北上淮阴，在当地收集了许多淮阴侯韩信的资料。他又从淮阴到泗水寻访七国之乱旧址；沿泗水北上，到达了鲁国的都城（今山东曲阜）。这是司马迁最景仰的地方。他参观了孔子墓、庙堂、礼器等等，在这里处处可以看到孔子的遗风。他细细地观察，默默地体会，发誓要继承孔子的事业，将来写出第二部《春秋》。然后沿着楚汉相争的战场，经彭城，历沛、丰、砀、睢阳、梁，回到了长安。

因为父亲司马谈的缘故，司马迁回京后得以出仕为郎中。

元封元年（前110）春天，汉武帝东巡渤海，返回的路上在泰山举行封禅大典。司马谈作为参与制定封禅礼仪的官员，却因病留滞在周南，因此心中愤懑，以致病情加重。奉命西征的司马迁在完成任务后立即赶往泰山参加封禅大典，行到洛阳时见到了生命垂危的父亲。

弥留之际的司马谈对司马迁说："我们的祖先是周朝的太史，你继任为太史令，应该接续我们祖先的事业。我作为太史令，对以往历史少有记载，对此感到十分不安，你可要记在心里啊！"司马迁低下头，流着泪说："我一定把父亲编纂史书的计划全部完成，不敢有丝毫缺漏。"

正当司马迁专心创作《史记》的时候，他不幸涉入"李陵之祸"，大难临头。李陵率五千步兵抗击匈奴，弹尽粮绝，最终降敌。武帝大怒，众大臣落井下石，只有司马迁说："李陵侍奉长辈非常孝敬，与别人交往有信用，一向怀着报国之心。他只领了五千步兵，吸引了匈奴全部的力量，杀敌一万多，虽然战败降敌，其功可以抵过。我看李陵并非真心降敌，他是想活下来找机会回报朝廷。"然而，武帝勃然大怒，杀了李陵全家。他还认为司马迁诽谤贰师将军李广利，为李陵说情，犯了不敬之罪，按律当斩。

按当时法律，免于死罪有两种办法：一是用钱赎；二是受宫刑。司马迁没钱，但受宫刑对士人来说是奇耻大辱，人们宁可去死，也不愿意面对这种刑罚。他也想到了死，但又想到自己的著作还没有完成。"假如我被杀，世人不会拿我的死与死于气节的人相提并论，只会认为我是智尽无能、罪大恶极！"他又想到文王在囚室中推演出了《周易》，仲尼在困厄之中著有《春秋》，屈原流放之际写出了《离骚》，左丘明失明而创作《国语》，孙膑遭膑脚之刑后著《兵法》，吕不韦被贬到蜀地才有《吕氏春秋》传世，韩非被囚在秦国，遂有《说难》和《孤愤》……他从这些圣贤身上看到了自己的出路，毅然选择了以宫刑赎身。至此，司马迁背负着父亲穷尽一生也未能完成的夙愿和自己的理想，面对宫刑而无怯色。在坚忍与屈辱中，他完成了属于太史公的使命，用生命和热血写成了具有划时代意义的不朽杰作——《史记》。

《史记》是我国第一部纪传体通史，上至轩辕黄帝，下到汉武帝太初年间，记载了三千年的历史。包括表十篇，本纪十二篇，书八篇，世家三十篇，列传七十篇，共一百三十篇。班固称"其文直、其事核，不虚美、不隐恶，故谓之实录"。司马迁的"实录"精神已成为我国史学的优良传统。《史记》被鲁迅先生誉为"史家之绝唱，无韵之离骚"，还被列为"前四史"之首，与《资治通鉴》并称为"史学双璧"。

西汉建立以来，一直受到匈奴的威胁，连年边患给人民带来了深重灾难。汉武帝即位后，听说西域有个大月氏，被匈奴打败，不得不向西迁移，常想报仇。武帝想派使者联合大月氏共同打击匈奴。张骞体魄健壮、机智果断、忠实可靠，而且又是郎官身份，所以武帝立即封他为出使大月氏的使臣，又选拔了一百多精明强干的士兵作为随从。这些人中有一个归顺的胡人叫堂邑父，他善于骑射，一向痛恨匈奴的掠夺行为，自愿充当张骞的向导和翻译。

建元二年（前139），张骞辞别了汉武帝和朝中大臣，从长安出发。他们西行进入河西走廊。一路上北风呼啸，黄沙飞舞，时而大雪漫天。一天晚上，他们迷路了，只好搭起帐篷，等天亮再说。次日，天蒙蒙亮，他们刚起程，便发现后面有两个黑影骑马飞奔而来。张骞意识到这是匈奴的哨兵，便向堂邑父使了个眼色，二人赶忙转过身，搭弓上箭，只听两声弦响，那两个匈奴哨兵应声掉下马来。他们又走了几天，水喝完了，浑身一点儿力气也没有，有些人甚至渴得倒了下来。正当这时，忽见西方天际有一片茂盛的草地，牛羊成群，河水清澈。大家兴奋地跑过去，却发现美景化为乌有，眼前依旧是没有尽头的沙漠。堂邑父说："这是沙漠中经常出现的幻景，叫海市蜃楼。"

没想到这时他们碰上了匈奴的骑兵队，毫无悬念地全部被匈奴骑兵抓获。匈奴兵没收了他们的武器和随身物品，当旌节被夺下时，张骞厉声说道："我是大汉使臣，旌节是我出使的凭证，你们不要乱动。"张骞被押着去见匈奴单于，他不卑不亢地说："我是出使大月氏的大汉使臣，被你们无理扣留，请立即放我们走。"单于冷笑着，恶狠狠地说："这是我们的地盘，我不允许汉朝使臣去大月氏。就像汉朝不会让匈奴使者穿过汉区，到南方的越国去一样。"

单于为了迫使张骞投降，把他和同伴拆散，分派到匈奴贵族家当奴

隶。从此，张骞不得不在匈奴兵的监视下，给匈奴贵族放羊。而为了软化、拉拢张骞，打消其出使大月氏的念头，单于对其实施了种种威逼利诱，还给他娶了匈奴女子为妻，生了孩子。但张骞始终没有忘记汉武帝交给自己的神圣使命，没有动摇为汉朝通使大月氏的意志和决心。张骞住在匈奴西境十年之久，一直等候机会。

有一天，张骞看远处人马嘈杂，尘土飞扬，原来汉匈又

发生了战争，匈奴失利，正在召集人马调到前线，张骞意识到逃跑的机会来了。这时，张骞忽然听见有人喊他，回头一看，是堂邑父，张骞又惊又喜。堂邑父向他述说了自己逃亡的经过和这一带的军事情况。二人分头联系其他随从。当夜聚齐三十多人后，张骞一挥手，大家骑上马向西行去。

在匈奴的十年留居，使张骞等人详细了解了通往西域的道路，并学会了匈奴人的语言。他们穿上胡服，很难被匈奴人查获，因而较顺利地穿过了匈奴人的控制区。但在这十年期间，西域的形势也已发生了变化。大月氏的敌国乌孙，在匈奴的支持和唆使下，西攻大月氏。大月氏人被迫从伊犁河流域继续西迁，进入咸海附近的妫水地区，征服大夏，在新的土地上另建家园。张骞大概了解到了这一情况。他们经车师后没有向西北伊犁河流域进发，而是折向西南，进入焉耆，再溯塔里木河西行，过库车、疏勒等地，翻越葱岭，直达大宛。

这是一次极为艰苦的行军。西域黄沙遍地，热浪滚滚；葱岭冰雪皑皑，寒风刺骨。沿途人烟稀少，水源奇缺。加之匆匆出逃，物资准备不足，张骞一行备尝艰辛。干粮吃尽了，就靠善射的堂邑父射杀禽兽聊以充饥。不少随从因饥渴倒在途中，葬身黄沙。

张骞到大宛后，向大宛国王说明了自己出使大月氏的使命和沿途种种遭遇，希望大宛能派人相送，并表示今后如能返回汉朝，一定奏明汉皇。大宛王早就风闻东方汉朝的富庶，很想与汉朝通使往来，但苦于匈奴的阻碍，未能实现。汉使的意外到来，令他非常高兴。张骞的一席话，更让他动心。于是国王满口答应了张骞的要求，热情款待他们，还派人带他们参观了大宛的名胜古迹。由于去大月氏心切，张骞等人在大宛只住了几天，大宛国王派了向导和翻译，将张骞等人送到康居。又通过康居到了大夏，最终到达大月氏。

大月氏国王是一位头发花白的老太太。十几年前，她的丈夫被匈奴杀死，大月氏人拥戴她为王。她听说汉使臣来了，亲率大臣出宫迎接。张骞劝大月氏女王与汉朝结盟，共同打击匈奴。这样一来，大月氏既可报仇雪恨，又可收复失地。女王听了，只是不断点头，但并没有答应出兵一事。

原来，自从大月氏到了阿姆河，他们用武力征服了大夏，新的国土十分肥沃，物产丰富，并且距匈奴和乌孙很远，外敌寇扰的危险已大大减少。因此，他们逐渐由游牧生活转向农业定居，无意东还，也不愿再与匈奴为敌。当张骞向他们提出建议时，他们已无意向匈奴复仇了。加之，他们认为汉朝离大月氏太远，如果联合攻击匈奴，遇到危险恐怕难以相助。张骞等人在大月氏逗留了一年多，始终未能说服大月氏人与汉朝联盟，夹击匈奴。

张骞见说服不了大月氏人，只好动身返国。归途中，张骞为避开匈奴控制区，改变了行军路线，计划通过青海羌人地区。重越葱岭后，他们不走来时的"北道"，而改行沿塔里木盆地南部、循昆仑山北麓的"南道"，从莎车经于阗、鄯善，进入羌人地区。但出乎他们的意料，羌人也已沦为匈奴的附庸，张骞等人再次被匈奴骑兵俘虏，又被扣留了一年多。

元朔三年（前126）初，匈奴发生内乱。张骞便趁乱带着自己的匈奴妻子和堂邑父逃回了长安。这是张骞第一次出使西域。从建元二年（前139）出发，至元朔三年（前126）归汉，历时十三年。

张骞出使时带着一百多人，十三年后，只剩下他和堂邑父回到了汉朝。这次出使虽然没有达到原来的目的，但对于西域的地理、物产、风俗习惯有了比较详细的了解，为汉朝开辟通往中亚的交通要道提供了宝贵的资料。

汉武帝对张骞这次出使西域的成果非常满意，特封张骞为太中大夫，授堂邑父为"奉使君"，以表彰他们的功绩。

之后，由于张骞随卫青出征立功，"知水草处，军得以不乏"，被武帝封为博望侯。元狩四年（前119），张骞第二次奉命出使西域。四年后，张骞一行偕乌孙使者数十人返抵长安。通过结盟、联姻，乌孙成为汉朝在西方牵制匈奴的一支重要力量。

匈奴未灭，何以家为

霍去病，平阳人。其舅父卫青是抗击匈奴的名将。西汉初年，北方匈奴屡为边患。武帝时国力强盛，开始对匈奴的侵略进行反击。

元朔六年（前123），年仅十八岁的霍去病主动请缨，武帝遂封他为骠姚校尉，随卫青出征。他率领八百骑兵长途奔袭，斩获匈奴两千余人，战功冠于全军，遂被汉武帝封为冠军侯。

元狩二年（前121）春天，二十岁的霍去病被任命为骠骑将军，独自率领一万骑兵出征匈奴。他率军从陇西郡出发后，马不停蹄，越乌戾山，渡黄河，伐速濮部（匈奴族一支，常与单于联姻），涉狐奴水，六天转战千余里，踏破匈奴五个小部落。霍去病在穿插分割并包围这些部落后，轻而易举地战胜了他们，并承诺他们归顺后绝不占有他们的财产与部民。由此可见，霍去病不仅是个军事天才，而且很有政治头脑。接着，在皋兰山与集结起来的匈奴部队短兵相接。经此一战，折兰王被杀，卢侯王被斩，浑邪王之子及其相国、都尉被擒；另外还有堆积如山的辎重，甚至休屠部的圣物"祭天金人"都成了汉军的战利品。汉军不但杀光了匈奴军的全部精锐，斩首八千九百六十级，擒获了大量俘虏，而且兵力损失基本可忽略不计。从此，汉军军威大振，而十九岁的霍去病更成了令匈奴人闻风丧胆的战神。

元狩四年（前119）春，汉武帝命卫青、霍去病各率骑兵五万，分别出定襄和代郡，深入漠北，寻歼匈奴主力。霍去病率军北进两千多里，越过离侯山，渡过弓闾河，与匈奴左贤王部接战，歼敌七千多人，俘虏匈奴屯头王、韩王等三人及将军、相国、当户、都尉等八十三人，乘胜追杀至狼居胥山，并在狼居胥山举行了祭天封礼，在姑衍山举行了祭地禅礼。此战改变了汉朝在对匈奴战争中的守势状态，从而长久地保障了西汉北方长城一带局势的稳定，保证了漠南地区的边境安全。

汉武帝很喜欢霍去病，曾下令给他建造府第，但霍去病拒绝了。他说："匈奴未灭，何以家为？"这句洋溢着爱国激情的名言，世世代代激励着后人。元狩六年（前117），年仅二十四岁的霍去病猝然去世。武帝十分痛惜，在自己将来的陵墓茂陵旁边为他修建了一座状如祁连山的坟墓，以表彰他抗击匈奴的卓著功绩。

苏武牧羊

西汉初期，匈奴单于经常派兵袭扰汉朝边境。汉武帝天汉元年（前100），且鞮侯刚刚成为单于，担心汉军来攻打，便派使者把以前扣留的汉使全部送回，向汉朝求和。汉武帝非常高兴，让苏武以中郎将的身份持旄节护送扣留在汉的匈奴使者回去，并送给单于很多礼物，以答谢他的好意。苏武同副中郎将张胜、常惠等，加上招募来的士卒一百余人一同前往。到了匈奴，苏武一行把财物赠给单于。没想到单于却变得十分傲慢，让苏武等人很失望。

正当苏武等人准备回去的时候，一件意外的事情发生了。原来匈奴的缑王与长水人虞常等人在匈奴内部谋反，计划绑架单于的母亲阏氏归汉。虞常在汉的时候与副使张胜关系很好，他私下曾拜访张胜，说："那时，我跟卫律一起投降匈奴是出于无奈，但我日日夜夜想念汉朝，况且我的母亲与弟弟都在汉朝。汉天子最恨那个投降匈奴的卫律，我准备替朝廷把他杀死，将功补过，希望受到汉廷的照顾。"张胜答应了虞常要求，还把财物送给了他。

后来，单于外出打猎，只有阏氏和单于的子弟在家。虞常等七十余人准备采取行动，不料有一人连夜把他们的计划告诉给了阏氏及其子弟。单于子弟立即发兵，缑王等战死，虞常被活捉。单于让卫律审理这一案件。虞常供出了张胜。单于听后大怒，想杀掉汉使。这时有人说："应当叫他们投降。"单于便派卫律召唤苏武来受审。苏武对常惠说："如果我丧失气节、有辱使命，即使活着，还有什么脸面回到汉廷去呢！"说着拔出佩刀自刎了。卫律见状，大吃一惊，抱住苏武，派人骑快马找来医生。医生赶来后，仔细察看了一下情况，便在地上挖一个坑，在坑中点燃微火，然后把苏武脸朝下放在坑上，轻轻地敲打他的背部，让淤血流出来。苏武本来已经断了气，没想到在医生的治疗下竟然重新有了呼吸。常惠等人哭泣着用车子把苏武拉回营帐。单于钦佩苏武的气节，早晚派人探望，只把张胜逮捕监禁起来。

苏武的伤势渐渐好了。单于便派使者叫苏武一起审理虞常，想借这个机会迫使苏武投降。杀了虞常后，卫律说："汉使张胜谋杀单于亲近的大臣，应当处死。如果投降单于，就可以免罪。"说着，他举剑要击杀张胜，张胜胆怯，投降了。卫律洋洋得意地对苏武说："副使有罪，你也有责任。"苏武说："我本来就没有参与谋划，又不是他的亲属，怎么能说有责任呢？"卫律又举剑对准苏武，苏武一动不动。卫律马上改变语气说："苏君啊！你看我归顺匈奴后，单于赐我爵位。我现在拥有人马数万，我的牛羊满山遍野！你今日投降，明日也能像我这样富贵。如果死在这里，只不过用身体白白给草地做肥料，又有谁知道你呢！"苏武听后毫无反应。卫律又说："你听我的话投降，我与你结为金兰兄弟；今天不听我的安排，以后再想见我，还能得到机会吗？"

苏武再也按捺不住胸中的怒火，痛骂卫律道："你是汉家的臣子，不顾及礼义廉耻，背叛朝廷、抛弃亲人，还想要挑起大汉和匈奴之间的争

端。匈奴灭亡的灾祸，就从杀我开始！"这铿锵有力的、大义凛然的斥责，令卫律哑口无言。经此一事，单于越发想使苏武投降，就把他囚禁了起来，关在大地窖里，不给他喝的吃的。正逢天降大雪，苏武便卧着嚼雪，同毡毛一起吞下去充饥，竟然几日不死。匈奴人觉得非常神奇，就把苏武迁移到了北海边没有人的地方，让他放牧公羊，并对他说等到公羊生了小羊就放他归汉。同时把他的部下常惠等分别安置到别的地方。

苏武被迁移到北海后，粮食运不到，只能挖野菜、逮田鼠、找草籽充饥。他拄着汉节牧羊，就连睡觉都拿着，以致节上的牦牛尾毛全部脱落了。过了五六年，单于的弟弟於轩王到北海打猎。苏武会编结打猎的网，校正弓弩，所以於轩王很器重他，供给他衣服、食物。三年多后，於轩王得了重病，但他仍不忘赐给苏武马匹牲畜、盛酒酪的瓦器和圆顶的毡帐篷。於轩王死后，他的部下就迁离了北海。这年冬天，丁令人（匈奴的一支）盗去了苏武的牛羊，他的生活又陷入困境。

苏武出使匈奴的第二年，李陵便投降了匈奴，但他不敢拜访苏武。

　　中华传统文化主题故事读本·爱国励志

后来，单于派遣李陵去北海，为苏武安排了酒宴和歌舞。李陵趁机对苏武说："单于听说我与你交情一向深厚，所以派我来劝说。你终究不能归汉了，白白地在荒无人烟的地方受苦，你对汉廷的信义又有谁看得到呢？你的大哥苏嘉和弟弟苏贤都因一些小事被迫自杀。你的母亲已经去世；你的夫人年纪还轻，听说已改嫁了。你家中只有两个妹妹、两个女儿和一个儿子，现在还不知道怎么样呢。我刚投降时，自己觉得对不起汉廷，你不想投降的心情，怎能超过当时的我呢？希望你听从我的劝告。"苏武说："作为人臣，应当报效国家。为国而死，我心甘情愿，希望你不要再说了！"

李陵与苏武共饮了几天，又说："你一定要听从我的话。"苏武说："我料定自己已经是死去的人了！单于一定要逼迫我投降，那么就让我死在你的面前！"李陵见苏武如此真诚，慨然长叹道："您真是义士！我李陵与卫律的罪恶，上能达天了！"说着，他眼泪直流，浸湿了衣襟，告别苏武而去。李陵不好意思亲自送礼物给苏武，便让他的妻子送给苏武几十头牛羊。

后来李陵又来到北海，对苏武说："边界上抓住了一个云中郡的俘虏，那俘虏说皇上死了，太守以下的官吏百姓都穿着白色的丧服。"苏武听到这个消息，向南放声大哭起了，每天从早到晚痛哭了几个月之久。

几年后，匈奴与汉达成和议。经过一番周折，匈奴终于允许苏武等人回到汉廷，李陵安排酒筵为苏武庆贺，说："世上只有你了解我的心！我已成异国之人，这一别就永远见不到了！"之后，边舞边唱："走过万里行程啊穿过了沙漠，为君王带兵啊奋战匈奴。归路断绝啊刀箭毁坏，兵士们全部死亡啊我的名声已败坏。老母已死，虽想报恩何处归！"李陵泪下纵横，同苏武告别。单于召集苏武的部下，除了以前已经投降的和死亡的，跟随苏武归汉的只有九人。苏武在匈奴被困了十九年，当初壮年出使，回来时胡须头发全都白了。

## 赵充国大破西羌

赵充国，字翁孙，原为陇西上邽人，后来迁居到金城令居县。他为人沉着勇敢而又有谋略，从小学习兵法，通晓四边少数民族的事务。他参加攻打匈奴的战争时，擒获了西祁王，遂被提拔为后将军。

公元前 61 年春，汉宣帝任命已七十三岁的赵充国率军出征陇西。宣帝问他："羌人目前的势力究竟有多大？要带多少兵去？"赵充国说："百闻不如一见，军事上的事情难以测定，我愿先到金城去，察看情况后再提出作战方略。羌族是人数较少的民族，他们背叛朝廷，注定是会失败的，请陛下相信我能担当此任。"

赵充国率领一万多骑兵杀到了金城，准备渡过黄河向北进军，为了防备羌兵在汉军渡河时突然出击，他先派出三个分队趁夜悄悄过河，在对岸建立滩头阵地，以掩护全军过河。第二天全军过河后，又立即构筑营垒，严阵以待。不久，便有一百多个羌族骑兵到汉营附近寻衅挑战。众将领建议出阵迎战，赵充国传令："我军远道而来，人马疲惫，敌骑都是轻装精兵，也可能是专门来引诱我们的小股前锋，我们既然大军出征，应以全歼敌军为目的，不能贪图局部的小胜利。"羌兵见汉军不动，只好扬尘而去。赵充国派人到咽喉要道四望峡侦察，发现那里没有敌人，便领兵连夜穿过四望峡，直插西部都尉府。赵充国笑着说："以此看来，羌人不足为虑，如果在四望峡设下数千骑兵，我军岂能到达此地！"

当初，罕羌首领靡当儿派弟弟雕库来向西部都尉报告，说先零羌想要反叛，过了几天先零羌果然反了。由于雕库的那个部落也有很多人夹杂在先零羌中参加反叛，西部都尉便把雕库扣留下来作为人质。赵充国认为雕库没有罪，便放他回去了，并让他转告各部落首领："汉朝大军只诛杀有罪的人，你们要主动与先零羌保持距离，不要落得一同被消灭的下场。"赵充国则计划招降罕羌以及被胁迫的羌族小部落，解散敌人的同盟。

七月，赵充国率军队偷袭先零叛羌屯驻的地方。叛军因为长久屯聚，十分松懈，望见汉朝大军前来便丢下辎重，想渡过湟水逃走。道路狭窄，赵充国便慢慢地前进，不急于追赶他们。有人说："你这时缓慢前进，会贻误战机。"赵充国说："这就叫穷寇不可迫啊！我们缓慢地追击，他们只会一直逃跑不回头看，如果我们追赶得过于急迫，他们就会转过身来和我们拼命了。"最终，敌人掉到水里淹死的有好几百人，投降以及被杀的五百多人，汉军俘获马、牛、羊十万多头，车四千多辆。汉军来到罕羌的领地后，赵充国下令不许焚烧村落，不许在田地中放牧。罕羌人听说后，高兴地说："汉军果然不攻打我们！"后来罕羌的叛军直接投降了。赵充国于是呈上奏章，提议撤出骑兵，留下万名步兵屯田。

赵充国的奏章每次送上来，皇帝都发给公卿大臣们讨论。撤军屯田的主张获得了大多数大臣的赞成，于是皇帝下诏撤兵，命赵充国留下来屯田。第二年五月，赵充国上奏说："羌人投降的有三万一千两百人。

羌叛已经平定，希望撤销屯田的军队。"皇上同意了。赵充国整顿军队，凯旋而归。

回来后，赵充国请求告老还乡，皇上赏赐给他安车、黄金，允许他去职回乡。然而，朝廷每有关于四方少数民族的重大事项要商议，还是经常请他参与谋划，向他询问计策。

终军是汉武帝时的政治家、外交家，济南人。他年少好学，博学强记，以文章闻名当地，十八岁那年被选为博士弟子。

终军来到长安后，上书武帝，谈论治国之道，并得到了武帝赏识，被任命为谒者给事中。当时朝廷要派使者出使匈奴。终军主动请求说："我愿担任这次出行的使者，向匈奴单于讲明利害。"汉武帝问他有什么打算，终军就把如何对匈奴晓之以理、动之以情、讲明利害，如何劝匈奴归顺的想法、做法向汉武帝一一做了汇报。武帝听后，大为赞赏，升他为谏议大夫，但没有让他出使匈奴。

没过多久，南越要与汉朝和亲。汉武帝想说服南越王来长安朝拜，并成为汉王朝的属国，但不知该让谁做使者。

终军又主动请求说："我愿意拿一根长缨（长绳），把南越王捆着带回朝廷。"

终军来到南越国，向南越王分析形势，讲明利害，说服了南越王。南越王表示愿意举国归顺汉朝，接受大汉天子的赏赐，并派使者去长安谒见。汉武帝得到这个消息，龙颜大悦，立即把印绶赐给南越王派来的使者，还命终军作为特使安抚当地百姓，在南越实行汉朝礼法。但是，南越宰相吕嘉拒绝归顺汉朝，暗地纠集士兵，杀死了南越王，包围了终军的住所。由于寡不敌众，终军和其他汉使全部被杀。终军死时年仅二十多岁，所以世人称他为"终童"。后来，"终军请缨"这个词成为成语，多用于指主动请求参军、出使或完成某项重大任务。

　　班超是东汉的著名将领、外交家，也是开发西域的重要人物。他的父亲班彪、兄长班固和妹妹班昭都是当时的史学家。

　　班超在少年时代读过许多书，但他特别崇拜西汉武帝时的张骞、昭帝时的傅介子等出使过西域的人，立志要像他们那样为国立功。

　　永平五年（62），班固被明帝刘庄召到洛阳，做了一名校书郎。班超和母亲也跟随班固一起到了洛阳。因家里并不富裕，他便接受了官府的雇佣，从事抄写工作，想多挣一些钱供养母亲。

　　有一天，他正在抄写文件，写着写着，突然觉得很烦闷，忍不住站起来，丢下笔说："大丈夫应该像张骞、傅介子那样建功异域，或在战场上立下功劳，怎么能总做这种抄抄写写的事呢？"周围的人听了之后都讥笑他。班超却说："鼠目寸光的人怎么能理解壮士的志向呢？"

　　后来，班超参加了军队。永平十六年（73），班超被任命为假司马（代理司马），与从事郭恂率领三十六人出使西域。在鄯善，鄯善国王一开始热情地款待了他

们。但没过多久，鄯善国王的态度便发生了改变，冷淡了不少。班超对部下们说："近日有匈奴使者来，所以国王才对咱们冷淡起来。"恰巧鄯善国侍者来送饭菜，班超忽然问道："匈奴使者来好几天了，现在住在哪里？"侍者以为班超已经知道这件事了，只好说了实话。班超随即把侍者软禁起来，马上召集部下，对大家说："我和诸位出使西域，本想建功立业，现在匈奴使者才来几天，鄯善国王就转变了态度，如果他捉拿我们交给匈奴，那么我等只有死路一条，诸位想想该怎么办？"众人一听，非常生气，纷纷说："既然这样，我们听司马安排。"班超激昂地说："我们杀了匈奴的使者，鄯善国王必定害怕。诸位敢不敢？"众人听了犹豫不决，有人说："要不和郭恂商量商量？"班超大怒道："郭恂是个文官，胆小怕事，说不定会泄露机密，大家都性命难保。"大家看班超有这样的胆识，都暗暗佩服。

班超让部下做好准备，半夜一起袭击匈奴的营寨。这天夜里，狂风大起，寒气逼人。班超带领三十多人，骑快马直奔匈奴使者的驻地。将到匈奴驻地时，班超先让十个人拿着鼓绕到营帐后面，对他们说："你们看到前面起火，就敲鼓呼喊，虚张声势。"又命二十人拿着刀枪、弓箭，在营前埋伏，自己则和几个部下纵马闯入营地，顺风放起火来。霎时火光冲天，战鼓咚咚，喊杀动地。匈奴使者从梦中惊醒，正不知所措，班超一马当先，部下紧跟其后，把匈奴使者和三十名随从全部杀死了，己方无一伤亡。

早上，班超率部回到住所，将事情的经过告诉了郭恂。郭恂沉默不语。班超猜出了郭恂的心思，说："你虽然没有去，但我们生死与共，功劳也有你一份。"郭恂听了十分高兴。班超叫人请来了鄯善国王，把匈奴使者的首级扔在地上。鄯善国王吓得面如土色。班超乘机讲述了大汉天子愿意与鄯善国结盟的意思。鄯善本来就受到匈奴的勒索，经常进贡，早有不满。听班超一说，国王立刻决定与汉朝结盟，并主动让自己的儿子跟随班超到汉朝作人质。

班超回到洛阳，汉明帝大喜，赞扬他文武双全，不伤一兵一卒就降服了鄯善国。班超先被封为司马，后来又被封为定远侯。

# 中流击楫

　　东晋时的祖逖，是一位仗义好侠、忧国忧民的志士。那时天下大乱，匈奴人占领了中原。老百姓纷纷向南方逃难。祖逖也带了全族上百号人逃往南方。看着拥挤不堪、车马杂乱的逃难人群，祖逖心里万分焦急。他看前面有一个小土堆，便走上前去，对着人群高声喊道："乡亲们不要乱，现在匈奴人就在我们的后面，随时可能追上来。我们要有秩序地跑，才能摆脱敌人。请大家听我指挥。"人们觉得他的话有道理，就让他负责指挥。有了指挥，行进速度果然快了不少。为了保护大家，他还把青壮年按军队的方式集合了起来。到了南方，大伙安定了，可组织起来的青壮年却不愿散去。他们在逃难中已对祖逖有了充分的信任，希望他能领导大家打回老家去。

　　祖逖也决心收复失地，重振国威。于是他给晋元帝上了一份奏折，文中说："晋朝之所以遭到侵略，皆因藩王争权。如今百姓在外族的蹂躏之下，有奋击之志、报国之心。陛下如果能够命将出师，让我做统领，四方豪杰都会群起响应，国耻可雪。"晋元帝见奏，十分高兴，立即任命祖逖为奋威将军，并拨给他大量给养，让他在当地招兵买马、打造兵器，以期早日北征。

一切准备停当后，祖逖带领部下千余人渡江北上。他们的战船驶离南岸，来到波涛滚滚的大江中流，上下将士回望南土，心中久久不能平静。祖逖神情庄重地站立在船头，手敲船桨，向众人发誓说："我祖逖此去，若不能平定中原，驱逐敌寇，则如这涛涛江水，一去不返！"

祖逖的铮铮誓言极大地鼓舞了船上的勇士。他们紧握刀枪，纷纷表示要同仇敌忾，杀敌报国。祖逖率军渡江之后，厉兵秣马。东晋百姓闻讯接踵而至，很快便组成了一支强大的军队。祖逖知人善任，果敢勇武，爱护士卒，体贴部下，士卒们都愿为他出生入死。因此他的军队所向披靡，一连打了好几个胜仗，收复了不少城池。

到了淮阴，祖逖立刻着手制造兵器，招兵买马，很快就聚集了两千多人。稍加训练，祖逖就带着这支军队向北进发了。祖逖的军队一路上得到百姓的支持，又迅速收复了许多失地。他还争取到了许多拥有私人武装的豪强地主的支持。进入豫州，祖逖的人马多次和后赵军队发生激战。公元319年，祖逖率军在陈留一带大败后赵五万人马，北伐军士气大振。后来两军又在蓬陂发生了激战，双方相持四十余天，粮草供应都很紧张。

一天，祖逖派了一千多人的部队，押着许多粮车，从小路上赶往晋营。其实布袋里装的都是泥土，只有最后几辆装的是粮食。小路距赵营并不远，后赵军看到晋军运来这么多粮，很是眼红，就派兵来抢。在交战中，晋军故意丢下了后面几辆车。赵军抢到了一点粮食，可这并不能解决问题，再看晋营军粮那么充足，军心便动摇了起来。赵将桃豹赶忙派人向石勒求救。几天后，石勒派人向赵营运粮，祖逖探得情报，在路上设下伏兵，把粮食全部夺了下来。没了军粮，赵军再也支撑不住了，很多士兵连夜弃阵而逃。

紧接着，祖逖一面操练士兵，一面扩充兵马，准备继续北伐，收复黄河以北的国土。谁成想，昏庸的晋元帝担心祖逖势力太大了不好控制，派了戴渊来当征西将军，统管北方六州的军事，叫祖逖听他指挥。祖逖辛辛苦苦收复失地，反而受到朝廷牵制，心里很不舒坦。

不久，祖逖听说他的好友刘琨在幽州被王敦派人害死，又听说晋元帝跟王敦正在明争暗斗，心里又是忧虑，又是气愤，最终病逝。豫州的男女老少听到祖逖去世的消息后，像死了自己的亲人一样伤心。祖逖虽然没有完成恢复中原的事业，但他"中流击楫"的英雄气概，一直为后世人所传诵。

　　冼夫人，又称冼太夫人，名百合，高凉郡人，是梁、陈、隋三朝时期岭南部落首领，史称谯国夫人。中国古代杰出的政治家和军事家，被奉为"岭南圣母"。

　　梁大同元年（535），冼夫人十四岁，罗州刺史冯融听说她有才识，便让其子高凉太守冯宝娶她为妻。冯融原为北燕苗裔，其先祖冯业率众浮海南来，定居新会，历任牧守，三传至冯融。由于是外来人，所以冯融不为高凉人所信服。冼夫人嫁给冯宝后，诫约本族尊重当地风俗习惯。每当她与冯宝处理诉讼案时，对本族犯法的人，也是依法办事，不徇私情。这样，冯氏在当地的威信便建立了起来。

　　梁太清二年（548）八月，投降了梁朝的东魏大将侯景在寿阳又一次反叛梁朝。梁武帝任命与侯景有勾结的临贺王萧正德为平北将军，都督京师诸军事。萧正德表面忙于备战，暗地里却以数十艘大船资助侯景。于是侯景顺利渡江，将梁武帝围困在台城。

　　时广州都督萧勃征兵解台城之围，高州刺史李迁仕称病不肯前往，却派人召冯宝前去。冯宝想去，但被冼夫人阻止了。她说："李迁仕无故不听都督萧勃的调遣，是想逼迫你和他一起谋反。"冯宝问其原因，冼夫人又说："他假称有病，暗中铸造兵器、聚集士兵。今天你如果前往，他必定扣留你作人质，收编你的士兵。他的意图很明显，你先按兵不动，看看李迁仕有什么举动再说。"

几天后，李迁仕果然举兵反梁，遣主帅杜平虏率兵入灨石，与侯景呼应。冼夫人说："我们应该派遣使者，送一份厚礼，以此麻痹他们，他们必无防备。我带领千余人悄悄袭击他们的营寨，打他一个措手不及。"冯宝依计而行，李迁仕果然信以为真，不加防备。冼夫人便亲率千余人前往大皋口。至灨石，她率众突然出击，叛军一时大乱，李迁仕逃往宁都。冼夫人乘胜追击，与长城侯陈霸先的部队会合。回来后，冼夫人对冯宝说："陈都督极得民心。我看此人必能平贼成大事，你应该资助他、追随他。"这些独到的见解，显示了冼夫人的善识时务和军事才智。

此后，陈霸先与王僧辩合力击溃侯景，湘东王萧绎在江陵即位，但不久被西魏政权打败，陈霸先则乘机于陈永定元年（557）代梁称帝，国号为陈，是为陈武帝。

陈永定二年（558），冯宝去世，岭表大乱，冼夫人出面安抚百越各部，使境内安然无事。她又派自己年方九岁的儿子冯仆率百越首领去丹阳。陈武帝拜冯仆为阳春郡郡守。

陈太建元年（569），广州刺史欧阳纥谋反，把冯仆召至高安，企图拉他一同反陈。冯仆派人告知母亲。冼夫人得知后说："我家两代为陈朝忠臣，不能辜负朝廷的信任。"于是发兵平叛，率百越诸部与陈朝派来征讨的将领章昭达内外夹击，最终打败叛军，并擒获欧阳纥。冯仆因母亲平叛有功，被陈霸先封为信都侯，加平越中郎将，转任石龙太守。冼夫人被封为石龙郡太夫人。

隋开皇九年（589）正月，隋师攻陷建康，陈朝灭亡。虽然隋文帝统一了中国，但岭南地区尚未归附，当地供奉冼夫人为"圣母"，以保境安民。二月，隋文帝派江州总管韦洸安抚岭南，被陈将徐璒阻于南康。韦洸来至岭下，逡巡不敢前进。晋王杨广命令被俘的陈后主写信给冼夫人，让冼夫人归顺隋朝。随信还有冼夫人当年所献犀杖及兵符为证。冼夫人见后，确知陈亡，于是她"集首领数千，尽日恸哭"，并派其孙冯魂率部迎韦洸入广州。至此，岭南平定。冼夫人被册为宋康郡夫人。

隋开皇十年（590），番禺将领王仲宣举兵反隋，岭南很多首领起兵响应。王仲宣围韦洸于广州，驻军衡岭，韦洸中流矢而卒。冼夫人遣其孙冯暄将兵救广州，冯暄因与王仲宣的部将陈佛智关系亲密，故按兵不动，贻误了战机。冼夫人发现后大怒，将冯暄问罪下牢，改派另一个孙子冯盎出讨叛军，与隋官军共同击败王仲宣。叛乱平息后，冼夫人披甲乘马，亲自护卫隋招抚专使裴矩巡抚各州，岭南遂定。

此时冼夫人已是八十高龄。隋文帝对冼夫人赞叹不已，特降敕书慰劳。独孤皇后也赐她首饰及宴服。其孙冯盎因协助隋军平叛有功，被拜为高州刺史，次孙冯暄被赦，拜为罗州刺史。冯宝被追赠为广州总管、谯国公，冼夫人则被册封为谯国夫人。

## 张巡守睢阳

　　唐天宝年间，玄宗皇帝李隆基重用安禄山，任命他为范阳、平庐和河东三地节度使。安禄山手中有十八万大军，势力很大。他早就怀有野心，见到这时的玄宗已经怠慢朝政，宠爱杨贵妃，宠信奸臣李林甫、杨国忠等人，内地武备松弛，便与史思明等勾结契丹、同罗、奚、室韦等部落，于天宝十四年（755）起兵叛唐。第二年，安禄山就打到了唐朝首都长安，唐玄宗被迫逃到了四川。

　　安军部将张通晤攻陷宋、曹等州，谯郡太守杨万石慑于叛军威势，欲举郡迎降，逼迫张巡为其长史，并以此身份迎接叛军。张巡接到委命后，却率属部誓师讨伐叛军。当时，单父县尉贾贲也起兵拒叛，击败了张通晤后，进兵至雍丘，与张巡会合，共有兵二千人。

　　雍丘有个叫令狐潮的官员投降叛军，并勾结叛将崔伯玉，带四万人围攻雍丘，张巡开城迎战，身先士卒，把叛军打得大败。令狐潮不甘心失败，又组织人马冲到城下，劝张巡投降安禄山，共享富贵。张巡痛骂道："你认贼作父，勾引叛军屠杀自己的兄弟姐妹，你还算是人吗？"令狐潮听张巡如此说，羞得恨不得钻到地下去。

但是令狐潮并没有退兵，而是把雍丘围困了四个月。眼看着城里的箭用完了，张巡便叫士兵做了很多稻草人，再给稻草人穿上黑衣服。到了半夜让士兵们把稻草人从城头吊下去，并让大家击鼓呐喊。城下的叛军看到后，以为唐军来夜袭，赶忙下令放箭。之后，把稻草人提上来，唐军便收获了大量的箭。接连三夜都是如此，张巡共得到十万多支箭。隔了两天，张巡选出五百名壮士，换上黑衣，真的发起了夜袭。城上再次响起战鼓声、呐喊声，五百壮士很快便顺着绳子来到了城下。叛军已经上了几次当，根本不予理睬，只顾睡觉。五百壮士拿着武器冲进敌营，又放起火来。叛军来不及抵抗，匆匆逃跑，令狐潮差点被活捉。

此后，形势更加恶化。睢阳太守许远向张巡告急。睢阳位置非常重要，张巡与部下商量，决定放弃雍丘，去救睢阳。张巡对大家说："守住睢阳，叛军就到不了江淮，就给国家保存了力量。"张巡遂率众沿睢阳渠向南退至睢阳，与太守许远、城父县令姚誾合兵。之后，他们派部将南霁云、雷万春等领兵北上抗击叛军，并在宁陵北击败叛军杨朝宗部，斩叛将二十人，杀敌一万余人，但杨朝宗趁机逃走了。这次战役暂时为睢阳解了围。战后，张巡接到朝廷诏书，被封为主客郎中，兼河南节度副使。

安禄山死后，其子安庆绪派部将尹子琦率同罗、突厥、奚等部族精锐兵力与杨朝宗合兵，共十几万人，进攻睢阳。面对强敌，张巡、许远激励将士固守，从早至午，接战二十余次，士气不衰。许远官职在张巡之上，却推张巡为主帅，自己则负责筹集军粮和战争物资。张巡派南霁云、雷万春等将领出城主动袭击叛军，将叛军打得大败而逃，并缴获了大批车马牛羊。张巡把这些战利品都分给了将士，自己分毫不取。这次大捷之后，朝廷拜张巡为御史中丞，许远为侍御史。

但是不久后，尹子琦仗着人多势众，又把睢阳城重重围住了。张巡从城上看见骑黑马的尹子琦，便指着他回过头对南霁云说："那人就是尹子琦，你是好射手，快给他来一箭。"南霁云搭弓上弦向尹子琦射去，这一箭正中尹子琦的左眼。可惜离得太远，并没有使他丧命。张巡和南霁云趁势出城杀向敌营，尹子琦在叛军的保护下，大败而逃。

尹子琦被射瞎一只眼，决心要报一箭之仇，扬言："我不踏平睢阳、杀到江淮，决不罢兵。"到了秋天，他又来围攻睢阳。连续几次猛攻，均被击退。尹子琦见状停止攻城，下令围城挖壕，壕外再加筑栅栏，准备长期围困睢阳。

这时城内士兵每天只能分到一勺米，饿了只好吃树皮和纸。守军很多因饥饿而死去，活下来的又大多非伤即残，疲惫不堪。

为了加强睢阳的守卫，张巡派部将南霁云从城东门杀出搬请救兵。但拥兵临淮的贺兰进明妒忌张巡、许远的威望和功劳超过自己，不肯派兵相救。但他看中了南霁云是个勇敢的战将，想挽留他为自己效力，便准备了酒食，请南霁云入座。南霁云说："我来的时候，睢阳军民已经一个多月没有东西吃了！我如果一个人享受，道义不能允许；即使吃了，我也难以下咽！"于是拔出自己的佩刀，砍断一个手指。在座的人大吃一惊，都感动得为南霁云流下了眼泪。南霁云知道贺兰进明终究没有出兵的意思，立即骑马离去；将出城时，他一箭射向寺庙的佛塔，那支箭射进佛塔砖面半箭之深，他说："我回去打败叛军后，一定要消灭贺兰进明！"

叛军得知张巡请援无望，便加紧攻城，至此城已很难坚守了。守城将士商议突围而去，但张巡、许远认为睢阳是江淮屏障，如果失守，叛军会大举南下，蹂躏江淮。再说守城士兵已饥惫不堪，弃城而逃，必无生理，所以最后仍然决定坚守。当年十月，当叛军再次攻城时，守城士兵已无战斗能力，睢阳城最终被叛军攻破，张巡、许远及部下将士都成了叛军的俘虏。张巡虽然被俘，但毫无惧色，非常镇定。叛军主帅尹子琦劝他投降。他大义凛然，宁死不屈。尹子琦便将张巡及其部将南霁云、雷万春等三十六人同时杀害了，许远也在押送洛阳途中被杀。

颜常山舌

颜杲卿性情刚直，做官很有才干。开元年间，任魏州录事参军。天宝十四年（755），颜杲卿代理常山太守，当时常山郡正在安禄山的管辖中。同年十一月，安史之乱爆发，安禄山在范阳起兵反叛。十二月十二日，攻陷东都洛阳。

颜杲卿担心安禄山侵犯潼关，会危及宗庙社稷。所以虽为安禄山部下，但他已经开始准备反抗了。当时他的堂弟颜真卿任平原郡太守，事前听说安禄山要谋反，便暗中收养死士，招怀安抚豪强大族，共商抵御叛军的计谋。这时正好派遣使者来联系颜杲卿，共同商议组织义军，分兵牵制叛贼，阻断叛军归路，以便缓解叛军向西进攻的势头。

叛军来到藁城的时候，颜杲卿已经招募了一千多名壮士。他知道自己力量不够，不能跟安禄山硬拼，就跟手下的官员袁履谦假意向叛军投降。安禄山虽然仍旧让他守常山，但是心里总是不放心，便一面把颜杲卿的儿子、侄儿带到军营里做人质，一面派了一个叛将守在井陉关。

颜杲卿打听到守井陉关的叛将是个糊涂的酒鬼，就假传安禄山的命令，派人带了美酒好菜去慰劳他，等叛将喝得酩酊大醉的时候，将其杀死，占领了井陉关。颜杲卿攻下井陉关，士气大振。第二天又接连活捉了两名叛将。颜杲卿又派人分头通知河北各郡官吏："现在朝廷派出三十万大军讨伐安禄山，已经出了井陉关，很快就到河北各郡了。受安禄山胁迫叛变的，趁早投降，可以受到重赏；如果顽抗，罪加一等。"各郡官员一听到安禄山站不住脚，纷纷响应颜杲卿。河北二十四个郡，有十七个郡又站到了唐军一边。

安禄山正准备向潼关方向进军，一听到河北各郡都响应颜杲卿，后方不稳，只好改变主意，回到洛阳。他在洛阳自称大燕皇帝，派大将史思明、蔡希德各带一万人马分两路攻打常山。

颜杲卿虽然打了几次胜仗，但是起兵只有短短的八天，常山周围的防御工事都没修好，兵力又少，怎敌得过两路叛军！叛军到了常山城下，颜杲卿派人到太原去求援，但是太原守将王承业不肯出兵。

史思明率叛军把常山紧紧围住，颜杲卿带领常山军民拼死抵抗了四天，城里粮食断了，箭也用完了。常山最终落入叛军手中。史思明纵容叛兵杀害了一万多常山军民，又把颜杲卿、袁履谦抓起来，押送到洛阳去见安禄山。

安禄山命令士兵把颜杲卿押到他跟前，责问颜杲卿说："从前是我把你从范阳户曹任上提拔起来的，后来又提拔你做了代理常山太守，我从未负你，你为什么要背叛我？"

颜杲卿怒气冲冲地骂道："我家世代为唐朝大臣，永远信守忠义，难道还应跟着你反叛吗？况且你本是营州一个牧羊的羯族奴隶，因窃取皇帝的恩宠，才有今天，天子又哪里有负于你，你竟然反叛朝廷？"

安禄山恼羞成怒，要左右士兵把颜杲卿、袁履谦拖到一座桥边的柱子上缚起来，使用残酷的刑罚折磨他们。

颜杲卿神色凛然，一面忍受着酷刑，一面仍旧痛骂安禄山。叛军士兵用刀残忍地割了颜杲卿的舌头，颜杲卿虽满口鲜血，但仍旧发出含糊的骂声。袁履谦看到颜杲卿受刑的惨酷情景，气得自己咬碎舌头，连血带舌喷在旁边一个叛将的脸上。颜杲卿、袁履谦骂不绝口，一直到他们咽气为止。颜杲卿的儿子颜季明等也被叛军杀了，颜氏家族死了有三十余人。

颜杲卿从起兵到失败，虽然只有十几天，但正是他们的抵抗拖住了叛军的兵力，为唐王朝调兵遣将争取了时间；他们誓死抵抗的精神，鼓舞了更多的人抗击叛军。颜杲卿被杀后一个月，河东节度使李光弼就率军打退了叛军，收复了常山。接着，朔方节度使郭子仪也带领精兵到常山和李光弼会合。

郭子仪和李光弼都是唐朝大将，但两人因为平时的一些误会，积怨很深。平时即使同桌吃饭，也懒得瞧上对方一眼，更别提说话了。

后来安禄山造反，皇帝命令郭子仪做朔方节度使，李光弼成为他的部下。李光弼有些担心，怕郭子仪公报私仇，借故杀他，甚至想偷偷逃走。哪知郭子仪反向皇帝极力举荐他，结果李光弼被任命为河东节度使。同时，郭子仪还将自己部下的一万精兵分给了他，让他带兵东征。郭子仪此举，让李光弼产生了更大的误会。于是他横下一条心来，找到郭子仪说："今后不管你怎么处置我，我都不抱怨，只图不连累妻小。"

郭子仪听后，很是诧异，忙离开座位，拉着李光弼的手，眼含热泪地说："如今国家遭逢乱事，连皇上也避难去了。没有你的协助，我怎么能够出兵打仗呢？现在哪里是心怀私怨的时候呀！国家危急，我们更应该同心协力，不能再斤斤计较了。"李光弼见郭子仪心胸如此坦荡，便带队请战。此后，将帅一心，在平叛中立下了赫赫战功。

李光弼第一个目标是为大唐收复常山郡。该郡地处南北咽喉,战略位置十分重要。李光弼率领朔方军五千人进攻常山,当地团练兵将自己的将领史思义绑来投降,李光弼善待史思义,亲自为其松绑,使他真心归顺,并说出了叛军的动向。次日,史思明率二万骑兵直压常山城下,李光弼向史思义问计,史思义说:"目前我军长时间行军,将士们都很疲劳,不如按兵不动,养精蓄锐,以守为攻,有了胜利的把握再出兵。敌军的士气是不能持久的。"李光弼接受了史思义的建议,守城不出,把军队分成四队,以劲弩五百连番射敌,叛军死伤惨重,狼狈退兵。当叛军在野外吃饭时,李光弼又派轻骑数千,突然袭击,一举消灭叛军五千,收复了常山郡九县中的七县。十月,郭子仪率军来常山与李光弼会师,在嘉山与叛军决战,大破叛军,斩首四万,俘获千余人。

至德元年(756)七月,唐肃宗在灵武即位,召见了李光弼和郭子仪,授李光弼为户部尚书、同中书门下平章事(即宰相),节度使如故,又特命他为北都太原留守。李光弼奉命由灵武率军五千赴太原,继续征讨叛军。

乾元元年(758)九月至次年三月,郭子仪、李光弼等九位节度使率各部唐军围攻邺城安庆绪部,与其援军史思明部交锋时,九路兵马被狂风惊散,唐军溃败。郭子仪军溃退至河阳桥,李光弼整军返回太原,其余节度使各回本镇,史思明重新占领了洛阳。

上元二年(761)三月,叛军内讧,史思明为其子史朝义所杀,叛军内部离心,屡为唐军所败。宝应二年(763)春天,田承嗣献莫州投降,将史朝义母亲及妻子献给唐军。史朝义率五千骑逃往范阳,但部下李怀仙献范阳投降。史朝义见无路可走,在树林中自缢而死,其余部分叛将投降,历时七年又两个月的安史之乱终于宣告结束。

唐朝名将郭子仪在平定安史之乱中立了大功，官至中书令，被封为汾阳王，人们都称他"郭令公"，有很高的威望。在安禄山叛乱之初，由于兵力不足，唐肃宗向北方游牧民族回纥借过兵，郭子仪曾与回纥统帅叶护王子并肩平叛，因此与回纥交情很深。

郭子仪手下有一名大将叫仆固怀恩，是铁勒族人，在跟随郭子仪平定安史之乱中立过战功，后担任朔方节度使，被封为丰国公。代宗即位后，仆固怀恩曾做到天下兵马副元帅，但他对此并不满意。

后来代宗要收回他手中的兵权，调他回朝中做官，仆固怀恩一怒之下便发动了叛乱。他手下的将士都曾是郭子仪的老部下，不愿跟着仆固怀恩叛乱，于是纷纷投奔郭子仪而来。仆固怀恩见状，便跑到回纥和吐蕃等处煽动叛乱。

765 年，仆固怀恩引回纥、吐蕃三十万大军南下进攻长安。途中仆固怀恩虽因暴病而死，但回纥和吐蕃大军继续进攻。唐军抵挡不住，回纥、吐蕃联军便一直打到了长安北边的泾阳。

唐代宗得到消息后，召集百官商议，宦官鱼朝恩等人劝代宗逃出长安，但遭到很多大臣的反对。大家都认为，能平定回纥、吐蕃叛乱的人，非郭子仪莫属。唐代宗便命令李光进等几位大将守住重要关口，传令郭子仪率部到泾阳驻守。

郭子仪到达泾阳后，发现叛军漫山遍野，足足有三四十万，而自己手里没有多少兵力。他一方面吩咐将士构筑防御工事，不许跟敌人交战，另一方面派探子去侦察敌军的情报。根据侦察到的情况，回纥和吐蕃两支大军虽是联军，但是矛盾重重。他们本来是受仆固怀恩怂恿而来的，仆固怀恩一死，谁也不愿听谁的指挥。郭子仪知道这个情况后，决定采取分化瓦解的办法。回纥的将领过去跟郭子仪一起打过安史叛军，郭子仪决定先把回纥将领拉拢过来。

当天晚上，郭子仪派他的部将李光瓒暗中到回纥大营，去见回纥统帅叶护。李光瓒对叶护说："郭令公派我来问你，回纥本来和大唐是一家人，为什么要听仆固怀恩的挑唆，来作乱呢？"叶护惊讶地说："你不要骗我了，郭令公早就被宦官鱼朝恩害死了，我这次来就是为郭令公报仇的。"李光瓒告诉叶护："郭令公现在就在泾阳。"但是叶护说什么也不相信。他说："要是郭令公真在这里，那就请他亲自来见个面。"

李光瓒回到泾阳城，把叶护的要求告诉郭子仪。郭子仪说："既然这样，我就亲自走一趟，也许能劝说回纥退兵。"

将领们都觉得这是个好办法，但是又认为让元帅亲自到敌营去太冒险了。有人提议，派五百个精锐的骑兵跟郭子仪一起去，万一回纥人动起手来，也有人保护。

郭子仪说："不行！带那么多兵去，反而会坏事。我只要几个人陪我一起去就可以了。"

说着，就命令士兵给他牵过战马来。他的儿子郭晞上前拦住他的马说："父亲，您怎么能这样到虎口去冒险呢？回纥人太野蛮了，您万一有什么不测，让我们怎么办呀？"

郭子仪说："大丈夫处事，当临危不惧。现在叛军兵多，我们兵少，要真的打起来，不但我们父子两人性命难保，国家也要遭难。我这回去，如能化干戈为玉帛，天下就太平了；即便我回不来，不是还有你们在嘛！"说着，他跳上了马，扬起鞭子打在郭晞拦马的手上。郭晞一缩手，马就撒开蹄子冲出了泾阳城。

郭子仪带着几个随从亲兵向回纥营的方向奔去。亲兵们一面走，一面叫喊："郭令公来了！""郭令公来了！""请通报叶护元帅，郭令公来了！"回纥士兵远远望见有几个人骑马过来，又隐约听见士兵的吆喝声，连忙报告叶护。叶护和回纥将领们大吃一惊，命令士兵摆开阵势，拉弓搭箭，准备迎战。郭子仪见他们如此紧张，立刻下了马，带着亲兵来到阵前，走进回纥军营。

回纥军中有不少将领认识郭子仪，一

看真是郭子仪，不禁叫了起来："啊，真是令公他老人家！"说着，大伙一起翻身下马，围住郭子仪下拜行礼。

叶护也走上来握住郭子仪的手。郭子仪和气地对叶护说："你们回纥人曾经给大唐立过大功，大唐待你们也不错，为什么要跟着仆固怀恩闹叛乱呢？我今天到这儿来，就为了劝你们悬崖勒马。我现在是单身到这儿，任凭你们发落，你们就是杀了我，我无话可说。但你们也要知道，我的将士们会继续跟你们拼命的。"

叶护很抱歉地说："令公可别这样说。我们受了仆固怀恩的欺骗，以为皇帝和令公都已经去世，中原没有主人，才跟他上这里来的。现在知道令公还在，怎么能与您开战呢？"随即大摆宴席。郭子仪说："吐蕃和唐朝是甥舅关系，现在翻脸不认人，掠夺我们百姓的财物，实在太不应该啦！我们决心要回击他们。如果你们能帮我们打退吐蕃，也算你们立了一大功。"叶护听了郭子仪的话，连连点头说："我和我的将士们都愿听令公调遣，以弥补我们的过失。"

在座的回纥将士纷纷说道："我们愿听令公调遣。"叶护的随从送上酒，郭子仪先端起一杯，把酒洒在地上，发誓说："打现在起，谁要违反盟约，天诛地灭！"

叶护也跟着郭子仪起了誓，洒了酒。双方订立了盟约。

郭子仪单骑访回纥营的消息传到吐蕃营里，吐蕃的将领们害怕唐军和回纥联合起来袭击他们，于是连夜带着大军撤走了。郭子仪和叶护合兵追击，把吐蕃杀得大败，使唐王朝又度过了一次危机。

武元衡，唐代诗人、政治家，字伯苍，缑氏人。他是武则天伯父武士逸的五世孙。

武元衡考取进士后，曾任华原县令。当时，屯驻畿辅的将领大多恃功骄横，侵害百姓。武元衡不愿意与他们同流合污，便称病弃官而去。

后来，唐德宗知道武元衡有宰相气度，便召他进京，升任御史中丞。唐宪宗即位后，提拔武元衡为宰相。武元衡无论在中央还是在地方都颇有政绩，其主要功绩是打击跋扈的藩镇，维护中央集权。

安史之乱后，唐代宗下诏大赦天下，对安史降将不但概不追究，还加官进爵。于是，安史旧将纷纷摇身一变，成为唐节度使，并逐渐形成了藩镇割据局面。从此，中央大权旁落，山河破碎，地方势力尾大不掉。唐室日见衰落，战乱频仍，百姓重陷水深火热之中。

这些节度使割据一方，俨然是一群土皇帝，欺压百姓，如狼似虎。武元衡与杜黄裳、李吉甫、裴度都是协助唐宪宗削藩的名相，他们态度坚决，誓死削藩，反对割据。

元和元年（806），唐宪宗平定了西川节度副使刘辟的叛乱，藩镇震惊，纷纷要求入朝效忠。

镇海节度使李锜迫于形势，于元和二年（807）九月请求入朝。唐宪宗准其奏，并拜其为右仆射。但李锜并无归顺之心，又称疾拖延入朝日期。唐宪宗就如何处理出尔反尔的李锜征询宰相们的意见。武元衡说："李锜必须按期入朝，不得延误。"

武元衡坚持地方必须服从中央，唐宪宗赞同武元衡的意见，于是下诏敦促李锜立即入朝。李锜拖延的阴谋破产，便公开起兵反叛。唐宪宗派兵征讨，只用了一个月时间就平定了叛乱。

元和二年（807）十月，唐宪宗让武元衡兼任西川节度使。武元衡到西川后，仅用三年时间，就让百姓生活和民族关系得到了有效改善，为巩固西南边疆作出了巨大贡献。武元衡在西川任职长达七年之久，元和八年（813）三月才被召回中央，承担起对淮西用兵的重任。淮西节度使吴少城、吴少阳和吴元济相继以蔡州为老巢，盘踞淮河上游地区三十多年。他们不但蓄意谋反，招纳亡命无赖之徒，积蓄力量，使蔡州成了国中之国，还时常派兵四处掠夺烧杀，远至千里之外，甚至到达洛阳附近。

蔡州百姓长期处在这伙人的暴虐统治之下，生活苦不堪言。吴少阳死后，他的儿子吴元济接任。吴元济比他父亲还跋扈，朝廷派去吊祭吴少阳的使者都被他赶了回来。唐朝决定用兵淮西，这引起了恒州王承宗、郓州李师道等节度使的恐惧，于是他们把刺杀武元衡等主战派大臣当成了救蔡州的重要策略。

元和十年（815）六月三日凌晨，上朝的时辰到了。武元衡刚出靖安坊东门，突然听到黑暗之中有人高呼一声："灭烛！"侍卫手中的灯笼顿时灭了，周围一片漆黑。前导卫骑喝问："什么人？要干什么？"这时飞来一支箭，把前导卫骑射下马来。事发突然，只见白刃闪闪，暗箭纷飞，武元衡的卫士抵挡不住，四下逃散。骑在马上的武元衡正惊愕间，树上突然跳下一个人，手挥一根大棒击中了他的左腿。接着，又有几个人从树上跳下，抓住武元衡的马缰，牵行十余步，举烛看清是武元衡之后，当胸一刀便将他刺死了。除暴抗恶的一代贤相，就这样惨死在了暴徒手里。

元和十一年（816）正月，唐宪宗任命李愬为唐、随、邓三州节度使，从南路讨伐吴元济。在李愬率领下，士兵抱着必死的决心，有进无退，终于一举成功，活捉吴元济。唐宪宗下令将吴元济押到长安斩首，为武元衡报了仇，为患三十多年的淮西割据终于结束了。

# 张议潮收复河西

安史之乱爆发后，唐肃宗为了早日平定叛乱，便将原先驻扎在西北边疆的许多军队抽调到前线，致使边防力量越来越空虚。于是吐蕃趁机攻占河西诸州，河西走廊最终全部被吐蕃控制了。

河西陷落后，吐蕃残暴地压榨当地人民。吐蕃贵族将年轻力壮的全部抢去当奴仆，让他们为自己种田放牧，老弱病残则统统杀掉。几十年间，处在水深火热之中的河西人民日夜盼望能回归唐朝。

有一次，唐文宗派使者出使西域，途中经过甘州、凉州、瓜州、沙州等地。被吐蕃俘虏的汉族百姓一看到唐朝使者的队伍，全都涌了上来，流着眼泪对使者说："大唐的天子还记得我们这些被吐蕃俘虏的唐人后代吗？"虽然他们的口音略有变化，但是衣冠服饰却没有改变。

唐武宗时，吐蕃境内连年发生灾荒，饿死了许多人。吐蕃的贵族们争权夺利，相互厮杀，力量逐渐开始衰落了。

唐宣宗即位后，唐军趁机收复了被吐蕃强占的原州、乐州、秦州和七座重要的关隘。唐军的胜利，极大

地鼓舞了河西各族人民反抗吐蕃残暴统治的斗志。

不久，吐蕃一位名叫尚恐热的贵族率领五千骑兵来到瓜州、鄯州、廓州大肆劫掠，激起了当地人民的极大愤慨。

这时，有一位居住在沙州的汉族首领，暗中结交豪俊，密谋回归唐朝，他就是威震河西的大英雄张议潮。张议潮出生于河西沦丧后的沙州，自幼对大唐故国心驰神往，立志要驱逐侵略者，回归祖国。为实现志向，他自幼就刻苦学习兵法和武艺。他以自己的家产为军资，秘密招募、训练义军，同时不断收纳反抗吐蕃起义被镇压的流亡者，蓄积力量，伺机而动。

842 年，吐蕃王朝上层统治集团发生大规模内乱。曾经令唐朝和河西军民闻之色变的一代西域枭雄、吐蕃赞普朗达磨被佛教徒在皇宫里刺杀。郎达磨无子，掌握实权的吐蕃大相企图立其三岁的侄子乞离胡为新赞普，扶植一个傀儡。这遭到其他贵族以及王室成员的激烈反对。各方互不妥协，最终爆发了全国性的大规模内战。这期间，贵族尚恐热攻占都城逻些和吐蕃大部分地区，自称宰相。在与其他贵族的混战中，尚恐热劫掠河西地区，大肆烧杀抢掠。他的行为激起了河西人民强烈的反抗，也进一步加剧了吐蕃内乱，削弱了吐蕃实力。唐军陆续收复原州、威州和扶州。吐蕃在河西地区的势力受到严重打击。张议潮等待已久的时机终于来了！

848 年，张议潮与好友安景旻、阎英达联合当地其他豪强，揭竿而起。河西人民反抗吐蕃残暴统治的大起义终于爆发了！战斗打响后，吐蕃当地驻军立即出兵镇压。面对数倍于己的驻军，在当地人民的全力配合下，张议潮和麾下将士采取佯装败退、途中设伏截击的战术。战斗中，作为主帅的张议潮披挂盔甲，骑乘战马，始终冲在最前线，义军将士无不奋勇争先，拼死杀敌。吐蕃军大败。张议潮乘胜进击，一举收复瓜州。收复瓜州后，张议潮立即派遣使节前往长安。以敦煌高僧悟真为首的河西使团历尽磨难，冲破吐蕃重重阻隔，终于到达故国首都，向唐宣宗呈递河西义军首领张议潮的表章以及河西民众恳求大唐出兵协助起义军的万民折。唐朝政府立即派遣军队进入河西地区，协助起义军。

在派出使团的同时，张议潮以沙州为根据地，采取"且耕且战"的战略。当他感觉实力已经足够强大时，便决定对吐蕃进行全面战略反攻。851 年，张议潮率义军对吐蕃在河西地区的驻军发起了大规模进攻。各地民众闻风纷纷起义。义军势如破竹，连克伊州、西州、河州、甘州、肃州、兰州、鄯州、廓州、岷州九州。至此，已经被吐蕃统治近百年之久的大唐河西"甘凉十一州"全部光复！

得到张议潮收复河西的捷报后，唐宣宗十分高兴，立即颁布诏书，大力褒奖张议潮的忠勇，封他为沙州防御使，还赐给他大量的财物。河西的回归在整个唐朝以及周边国家中造成了地震般的轰动效应。河西地区回到了大唐的怀抱，中断了许多年的丝绸之路恢复了畅通。河西是少数民族杂居地区，有的务农，有的放牧，有的经商。张议潮首先着手恢复农业生产，注意兴修水利，发展灌溉。当时沙州修建了许多沟渠，每一段沟渠还设置了渠头、升门等官员专门负责管理。经过张议潮的努力，河西诸州的各族民众开始和睦地生活在一起，河西走廊也慢慢恢复了往日的繁荣景象。

沈括出使

北宋"澶渊之盟"签定后，宋、辽之间迎来了一段较为和平的时光。但是辽国欺宋国软弱，想进一步侵占宋之土地。1075年，辽国派大臣萧禧到东京，要求划定边界。宋神宗派大臣跟萧禧谈判，双方争论了几天，没有结果。萧禧坚持黄嵬山一带三十里地方应该属于辽国。宋神宗派去谈判的大臣不了解那里的地形，明知萧禧提出的是无理要求，却没法反驳他。宋神宗就另派沈括去谈判。

沈括，杭州钱塘人，支持王安石新法的官员。沈括不但办事认真细致，而且精通地理。他先到枢密院，从档案资料中把过去议定边界的文件清查了一遍，找到了那块土地应该属于宋朝的证据。他向宋神宗报告，宋神宗听了很高兴，让沈括画成地图送给萧禧看，萧禧这才罢休。

宋神宗又派沈括出使上京。沈括首先收集了许多地理资料，并且叫随从的官员背熟。到了上京，辽国派宰相杨益戒跟沈括谈判边界问题，辽方提出的问题，沈括和官员们对答如流，有凭有据。杨益戒一看没有空子好

钻，就板起脸来蛮横地说："你们连这点土地都斤斤计较，难道想跟我们断绝友好关系吗？"

沈括理直气壮地说："你们背弃了过去的盟约，想用武力来胁迫我们。真要闹翻了，我看你们也得不到便宜。"辽朝官员说不过沈括，又怕闹僵了对他们没好处，只好放弃了无理的要求。

沈括带着随员从辽朝回来。一路上，每经过一个地方，他便把那里的大山河流、险要关口画成地图，还把当地的风俗人情调查得清清楚楚。回到东京以后，他把这些资料整理出来，献给宋神宗。宋神宗认为沈括立了功，拜他为翰林学士。

沈括为了维护宋朝边境的安全，十分重视地形勘察。有一次，宋神宗派他到定州去巡视。他假装在那里打猎，花了二十多天时间，详细考察了定州边境的地形，还用木屑和融化的蜡捏制成一个立体模型。回到定州后，沈括让木工用木板根据他的模型雕刻出木制的模型，献给宋神宗。

宋神宗对沈括的地图和地图模型很感兴趣。第二年，他叫沈括编制了一份全国地图。但是不久，沈括受人诬告，被朝廷贬谪到了随州。那里虽然环境艰苦，但是他仍坚持绘制没有画完的地图。后来，他辗转多地任官，还是一边考察地理，一边修订地图，坚持了十二年，终于完成了当时最准确的全国地图——《天下郡国图》。

宣和七年（1125）七月，李纲被召回朝，任太常少卿。其年冬，金兵分两路攻宋，完颜宗望所率东路军直逼宋都开封。在宋廷一派慌乱的情况下，李纲向宋徽宗提出了传位给太子赵桓，以号召军民抗金的建议。

赵桓（宋钦宗）即位后，升李纲为尚书右丞，就任亲征行营使，负责开封防御。

第二年一月，金兵到达黄河北岸。宋徽宗带着蔡京等一伙奸臣，慌慌张张逃到南方去了。宋钦宗惊慌万分，不知该怎么办。他召集群臣商议，宰相白时中和李邦彦都建议宋钦宗丢掉京城南逃，宋钦宗也动摇了。李纲上前说："太上皇把国家交付给陛下，就是希望陛下能留守京城。陛下怎能只顾逃跑？"宋钦宗听了，一声不吭。第二天，李纲清早上朝，看见宋钦宗已经准备好了车辆，禁卫军正准备出发。原来宋钦宗还是想逃跑。李纲对将要出发的禁卫军将士厉声说："你们究竟愿意死守，还是愿意逃跑？"禁卫军将士齐声回答："愿意死守！"

李纲又去见宋钦宗，说："将士的家属都在城中，怎么舍得离开？万一他们半路上逃回来，还有谁保卫陛下？况且敌军已经逼近，如果他们知道陛下的车辆还没有走远，用快马追赶，怎么抵敌？"这番话提醒了宋钦宗，他不敢再走了。李纲当众宣布："皇上主意已定，谁敢再说逃跑就杀头！"将士们都高呼"万岁"。

李纲亲自率领军民，仅用三天时间，就将守城的防务安排妥当了。这时，金兵已经打到东京城外，分乘几十只小船沿河而下。李纲组织两千多名敢死士兵，列队城下，用长钩搭住敌船，往船上扔石头。又在河中放些杈木，搬来蔡京家中的山石，堵塞要道。宋军在水中杀死了一百多名金兵。

完颜宗望看到东京已有防备，就要宋朝派使臣到金营议和。这正合宋钦宗的心意。他马上派人去金营，接受了屈辱的条件：割让太原、河间、中山三镇，纳金五百万两、银五千万两、牛马万头、绢百万匹，并且无耻地尊金国皇帝为"伯父"。李纲因坚决反对向金割地求和，被宋钦宗罢了官。为了缴纳赔款，宋朝政府拼命向京城中的百姓搜括金银，结果还是没能凑足这个数目。李纲被贬不久，金兵再次两路南下围攻开封。宋钦宗在被俘前夕又想起用李纲，任命他为资政殿大学士、领开封府事，但已无济于事。当李纲在长沙得知此任命时，北宋已经灭亡。

康王赵构（宋高宗）在南京应天府另建朝廷。为利用李纲的声望，宋高宗起用他为尚书右仆射兼中书侍郎。

李纲整顿军政的措施，有助于宋朝廷支撑局面，尚能为宋高宗所接受。然而，他主张坚决抗金及反对投降，却为宋高宗及汪伯彦、黄潜善等人所不容。因此，他们又设法驱逐了李纲。李纲任宰相仅七十五天，就被驱逐出朝，不久贬鄂州，随即又被流放到海南岛的万安军。直到建炎三年（1129）底才获自由。

赵鼎气壮山河

赵鼎出身贫寒，四岁就失去了父亲，在母亲的抚养和教育下长大。他二十一岁考中进士，当官时敢于批评权贵，受到宰相吴敏赏识，被调到都城开封任职。

1125年冬，北方的金国出兵南侵。次年秋攻陷太原，严重地威胁到了宋朝的安全。昏庸懦弱的宋钦宗惊慌失措，赶紧召集文武大臣商议对策。一些贪生怕死的大臣主张割让土地向金国求和。赵鼎与这些大臣的看法不同。他说："祖先留下来的国土，怎能拱手送给别人？望陛下千万不要考虑这种意见！"可是，钦宗非常惧怕金兵，决心屈膝投降，把大好山河割让。

金军使者来谈判时，要求把黄河以北的土地全部割让给金国，钦宗不敢违抗，竟答应了对方提出的要求。但是，金国统治者并不满足，他们命令部队继续南下。这年年底，金兵抵达开封城下。胆小如鼠的钦宗不等金军破城，就亲自到金营中乞求投降。不久，金兵统帅扣留了钦宗，让部下进城掠夺，然后把钦宗和他的父亲徽宗当作俘虏，连同搜刮到的大量金银财宝一起带回了金国。北宋王朝就此灭亡。不久，钦宗的弟弟康王赵构在南京建立了南宋王朝，史称宋高宗。宋高宗即位初期，起用了一批主战派的大臣，赵鼎也在其中。

当时伪齐皇帝刘豫之子刘麟与金人合兵大举进攻，举朝震恐。有人劝高宗到其他地方暂避，赵鼎说："战如不胜，离去不晚。"高宗也说："我一定亲率六师，临江决战。"赵鼎高兴地说："我们多年退怯，以致敌人越来越骄横，现在圣上亲征，必定成功。"于是高宗命张俊带领所部援助韩世忠，命刘光世移兵建康，并且催促韩世忠进兵。韩世忠在大仪镇大败金兵。当捷报传来时，高宗到了平江，才知道赵鼎有先见之明。

刘豫派子刘麟、刘猊分路进犯，当时张俊驻扎在盱眙，杨沂中驻扎在泗水，韩世忠驻扎在楚州，岳飞驻扎在鄂州，刘光世驻扎在庐州，长江沿线没有军队，高宗与赵鼎十分忧虑。刘光世请求抛弃庐州回到太平，又请求退保采石，赵鼎上奏说："刘豫是逆贼，官军与刘豫作战而不能胜，甚至要退守，这还怎么立国？现在敌人已渡过淮河，应当派遣张俊会合刘光世的军队扫尽淮南之敌，然后商议去留。"高宗赞同他的计策，诏令二将进兵。张俊军进至藕塘与刘猊大战，大败刘猊。

赵鼎曾经驳斥议和，与秦桧意见不合。秦桧是主和派的头目，外表随和但内心狠毒。赵鼎对他很警惕，曾经向人表示过，此人如果得志，我们就没有立足之地了。秦桧知道高宗只想偏安江南，并不是真心抗金，便竭力唆使高宗与金国讲和。赵鼎自然反对。于是，秦桧经常在高宗面前说赵鼎的坏话，使高宗对他逐渐失去信任。最终，高宗将赵鼎贬到外地去当官。赵鼎离京时，秦桧假惺惺地为他送行。但赵鼎并不领情，只是轻蔑地瞧了他一眼，拱拱手就走了。为此，秦桧更加忌恨赵鼎，将他越调越远，最后贬谪到朱崖。赵鼎在朱崖住了三年，生活非常困苦，熟人都不敢去看望他。秦桧知道他的处境后，认为他不可能活得长久，便嘱咐地方官每月向自己呈报他是否还活着。

　　赵鼎六十二岁那年，患了重病。临死前，他把儿子叫到床前，悲愤地说道："秦桧非要置我于死地。我不死，他可能会对你们下毒手；我死了，才可不再连累你们！"说罢，他叫儿子取来一面铭旌，在上面写了一行字："身骑箕尾归天上，气作山河壮本朝。"几天后，赵鼎不食而死。天下人听说后十分悲痛。宋孝宗即位后，追赠赵鼎为太傅，赐谥号"忠简"，追封丰国公。

## 韩世忠以巧制敌

　　韩世忠出身于普通农民家庭。他自幼喜欢练武，学习刻苦认真，少年时期就有过人的力气。性情憨直善良，喜欢行侠仗义，不慕功名。韩世忠长到十六七岁时，身材魁梧高大，浑身是劲儿，勇力过人，有人对他说："你有如此好的功夫，应该去当兵为国效力。"于是，年仅十七岁的韩世忠参军当了一名士卒。

　　韩世忠所在的部队驻在西北地区，经常与西夏军队发生冲突。他入伍不久就参加了战斗，因作战勇敢而被升为小队长，手下管着十几个人。他领导的那些士兵都比他年纪大，可是韩世忠作战勇敢，处事公道正派，说话正直在理，所以大家都听他的。有一次，宋军攻打西夏的一座城池，久攻不下，韩世忠打红了眼，一个人爬墙冲进去，杀死了守城的敌军头领，把他的脑袋扔出城外。宋军受到鼓舞，一涌而上，攻下城池。不久，西夏王的监军驸马亲率西夏军向宋军进攻，宋军有畏怯之状。韩世忠问明驸马的身份，然后率几名敢死士卒冲入敌阵，这突如其来的攻击让敌人惊慌失措。韩世忠直奔元帅帐，还没等西夏兵明白过来，便手起刀落，将西夏监军驸马的头砍了下来。西夏兵大乱，争相奔逃。宋军将领都称赞韩世忠勇敢，说他年纪虽小，却是个不可多得的将才。因此，经略使上报朝廷，请求破格提拔韩世忠。可是，当时主持边事的童贯却怀疑汇报的真实性，只同意给韩世忠升一级。

宣和三年（1121），南宋朝廷派出的部队与金兵战于燕山南。几路兵马均被金兵打败。韩世忠率五十余骑巡逻于滹沱河上，不巧与金兵大队人马遭遇。韩世忠遇事冷静果断，他告诉士卒："慌乱就等于寻死，不要乱动，一切听我安排。"他让一个叫苏格的校尉率部分人抢占高坡，列阵其上，观而不动。又派出十余个骑兵，把在河边抢渡的散乱宋军组织起来，让他们列阵击鼓呐喊。然后，他率几名骑兵径直冲入金兵队阵之中，专砍打旗的金兵。连杀几个之后，其余举旗者纷纷将旗放倒，河边的宋军士卒击鼓高喊："金兵败啦！金兵败啦！"倾刻间金兵大乱，苏格率占据高地的骑兵自上而下杀来，金兵丢下上百具尸体，纷纷向北逃去，韩世忠又追了一程才收住坐骑。

靖康元年（1126）十月，正在滹沱河一带执行防守任务的韩世忠被数万金兵追逼退入赵州城内。敌军围城数重，城中兵少粮乏，军心不稳，有人主张弃城而逃。韩世忠传令下去，有敢言弃城者斩。当天夜里，天降大雪，韩世忠选精壮士卒三百人，悄悄出城，摸进金军主帅营帐，杀死主帅，偷袭金军驻地，挑起金军内部互相攻杀。一夜大战，金兵死伤过半。当得知主将被杀，看到遍地都是自家兄弟的尸体，流出的血把雪都染成了红色时，金兵无心再战，溃散退去。韩世忠在河北一带坚持抗金数年，官阶不高，兵马不多，但是战无不胜，攻无不克，其威名震慑了金兵。

建炎三年（1129），金兵再次南下，突破长江天险，攻破了建康等重要城镇，躲在杭州的宋高宗赵构又要逃跑。韩世忠面见高宗，慷慨陈词："国家已丢失河北、河东、山东诸地，再把江淮丢掉，还有何处可去？"高宗根本听不进去，他所想的只有保住性命。高宗任命韩世忠为浙西制置使，防守镇江，而自己则跟随投降势力逃到了海上。镇江其时已处敌后，韩世忠领命，仅率所部八千人急赶镇江。金兵在江南抢掠一阵之后陆续退去。韩世忠驻守于松江、江湾、海口一带，听到金兵撤退的消息，立即分兵把守要地，准备乘机斩杀金兵。埋伏的宋军差一点儿活捉金兵元帅兀术。

兀术乃好战之将，他给韩世忠下了战书，约期会战。韩世忠与其约定日期，在江中会战。金兵不习水战，韩世忠就利用他们这一弱点，封锁长江，几次大败金兵，还活捉了兀术的女婿。兀术不敢再战，率十万兵马退入黄天荡，企图从这里过江北逃。

黄天荡是江中的一条断港，早已废置不用，只有进去的路，没有出去的路。韩世忠见金兵误入，立即抓住这一难得的机会，率兵封锁住出口。金军被困于黄天荡内，进退无门，眼见十万士卒就要饿死荡中，兀术派使者与韩世忠讲和，愿意把抢掠的财物全部送还，并向韩世忠献宝马，以此换取生路，韩世忠一概不答应。兀术只好重金悬赏求计。他从一个汉人那里买来了良策。原来黄天荡内有一条老鹳河，直通建康秦淮河，因年久不用而淤塞，派人挖通即可从水路逃出。兀术派人一夜之间挖通此河，企图从水道入建康。途经牛头山，刚收复建康的岳飞正在此处驻扎，见金兵从这里出来，立即调集大军猛击，兀术只好退回黄天荡。

韩世忠准备置敌于死地，他派人打制铁索和铁钩，一遇敌船定要消灭。眼看金兵已无计可施，此时又有人献策，教他们乘宋军扬帆行船之时，集中火箭射船帆，烧毁宋军战船，这样便可逃出黄天荡。兀术大喜，依计而行，果然有效。宋军船只被烧毁许多，金兵乘机冲出黄天荡，向北逃过长江，撤回黄河以北地区。韩世忠仅用八千军队，困敌十万兵马于黄天荡，战四十八天，歼敌万余。此战增强了江淮人民的抗金信心，意义非凡。韩世忠因在黄天荡战役以巧制敌，其威武雄姿和将帅风范传遍江淮地区。

# 梁红玉击鼓战金山

1129 年 10 月，金军在元帅兀术的率领下长驱直入，一路烧杀抢掠，无恶不作，径直攻入江浙。各地义军纷纷反抗。无奈之下，金军在大肆掳掠之后北返。

此时，担任浙西制置使的韩世忠听说金军北撤，便率水军八千人急赴镇江截击兀术的十万金军。兀术没有办法，只好派人去跟韩世忠约定决战的日期。

韩世忠与金军约定决战日期后，便去找夫人梁红玉商量："你看这江面宽阔，敌众我寡，很不易守。依我看，不如把人马撤到下江，等增援来了，再战不迟。"梁红玉是个懂武艺、又很有见识的女将，她胸有成竹地说："你看这江边的芦荡，不正是我们的有利地势吗？我们如果先伏兵在芦荡里，然后将敌军引诱进来，就可打他个措手不及！"韩世忠听了，心中大喜，说："好！那我前去诱敌！""那我就在这山顶上给你击鼓助威！"梁红玉认为要打赢这一仗，只能依靠士气。

两人经过周密部署，随即埋伏好人马。韩世忠亲率战船，诱敌深入。他站在楼船上面，朝西边江面望去。只见从南京方向，隐隐约约移来黑压压一片船只。那就是兀术带领的五百条战船。

战船越来越近。在金山顶上的梁红玉一身戎装，登上十几丈高的楼橹，猛然击起战鼓。

韩世忠听到金山那边传来的一通鼓声，立即指挥水军，扯帆迎敌。顿时江面上杀声震天。

没过一会，梁红玉又敲起了二通鼓，鼓声好像雷鸣一般。韩世忠听着鼓声，指挥战船变化成"人"字队形，且战且退，转眼间便躲进了芦荡里。兀术一看，连忙带着金兵跟在后面，紧紧追赶。

梁红玉站在金山顶上，看得一清二楚。她见兀术已经中计，便把令旗一招，敲起三通鼓。随着震天动地的鼓声，只见芦荡里事先埋伏好的战船，如同离弦的箭一般冲了出来。

韩世忠平时十分注重操练水军。宋军个个都惯熟水性，有的钻进深水，用凿子把金兵的船底凿破；有的拦住敌船，用火箭、火炮猛轰金兵。这一战打得金军溃不成军。

金军遭到重挫，大出兀术所料。于是他派使者去见韩世忠，请求韩世忠放他们一条生路，愿意归还所有在江南掠夺的财物，另外还送韩世忠名马作为谢礼。韩世忠一口回绝。双方在长江上且战且走。金军不熟悉地理，被宋军逼入黄天荡死港。此时本是消灭金军的最好时机。但是韩世忠和梁红玉的兵力实在太少，又没有陆军配合，加上韩世忠没听梁红玉乘胜追击的意见，痛失良机，最终导致兀术趁机凿通淤塞已久的老鹳河故道，率兵撤向建康。

虽然大败金兵，但梁红玉不但不居功请赏，反而上疏弹劾丈夫韩世忠"失机纵敌"，请朝廷"加罪"。这一义举，使举国上下人人感佩，传为美谈。朝廷为此加封她为"杨国夫人"。

岳飞精忠报国

岳飞，字鹏举，生于相州汤阴县永和乡。南宋抗金名将，中国历史上著名的军事家、战略家，位列南宋中兴四将之一。早期跟随宗泽，金军大举进犯孟州汜水关时，宗泽派岳飞率领五百骑兵前往侦察。岳飞在汜水关一带击败金军，凯旋后，即被宗泽任命为统领，不久又提升为统制。

岳飞在与金兵作战中，取得了多次胜利，声望也越来越高，已经成为独当一面的将军了。

绍兴十年（1140）夏，金人撕毁和约，大举南侵。金国都元帅兀术探知岳飞孤军深入并亲驻郾城，且郾城驻军不多，于是指挥经过休整的金国军队主力倾巢而出，直扑郾城。岳飞深知这将是一场前所未遇的恶战、以寡敌众的硬仗，也坚信自己的将士能够经得起严酷的考验。他命令其子岳云率领骑兵精锐，出城迎击。当天下午，岳云舞动两杆铁锥枪，率精骑直贯敌阵。双方骑兵展开了激烈的鏖战。岳云率领的骑兵打退了金兵一次又一次的冲锋，如此激战了几十回合。

正在这时候，金兵两边出现两队骑兵，向宋军包围过来，这种骑兵叫"拐子马"，非常厉害。岳飞在军中挑选出一批勇敢的士兵，一声号令，这些勇士手拿麻扎刀，冲向阵前，上砍敌兵，下砍马腿。一匹马的腿被砍断，骑在马上的人也跌了下来，敌人自相践踏，"拐子马"进退两难，一时失去战斗力。岳家军猛将杨再兴想活捉兀术，遂单骑冲入敌阵，杀死金军近百人，他自己也身中数十枪，遍体鳞伤，但仍然战斗不止。在战斗最激烈的时刻，岳飞亲率四十骑突进阵前。都团练霍坚急忙上前挽住战马，说："将军是国之重臣，身系国家安危，不可轻易冒险！"岳飞用马鞭抽了一下霍坚的手，说："胜败在此一举！"接着，岳飞跃马驰突于敌阵之前，左右开弓，箭无虚发。岳家军将士看到统帅亲自出马，顿时士气大振。

兀术眼见骑兵会战不能取胜，焦躁万分，于是下令将披挂重铠的"铁浮图"投入战斗。"铁浮图"是把三匹马用皮索相连、以三骑为一组的重装骑兵，护甲厚重、攻坚能力强，马上的骑兵身披重甲，像铁塔一样，可以说是"刀枪不入"，主要用于正面冲击。岳飞当即命令步兵出动，岳家军步兵将士手持麻扎刀、提刀、大斧和铁锤等武器，刀专砍马足，大斧和铁锤击打金兵。只要一匹马仆地，另外两匹马就无法奔驰，"铁浮图"顿时乱作一团。

天色渐渐昏暗，金兵一败涂地，狼狈溃逃。至此，岳飞指挥岳家军将士以少胜多，在平原旷野地区大败兀术统率的金兵主力，取得郾城大捷，粉碎了"拐子马""铁浮图"不可战胜的神话。

兀术虽然打了败仗，可还是不死心。几天以后，他又带领三万军队来打颍昌。岳飞派王贵、董先、岳云等将领出城迎战。岳家军每个士兵都勇往直前，杀得金兵望风而逃，溃不成军。活捉金兵大小头目七十八人，得到大批战马、盔甲和兵器。这时，在敌后的梁兴等人也联合了敌后各地义军，在黄河北岸响应，攻克了垣曲、怀州、卫州等地，截断了金兵的补给线，积聚粮饷，等待岳家军。

岳家军乘胜攻入朱仙镇，此地离北宋旧都开封只有四十五里路了。岳飞鼓励大家说："待打到黄龙府，我们大家痛痛快快地喝几杯。"岳飞在前线不断取胜，逼得金兵不得不撤退。朱仙镇一役，威震敌胆，兀术叹呼道："撼山易，撼岳家军难！"

正当岳飞取得节节胜利之际，宋高宗于绍兴十年（1140）七月十七日连下十二道金牌，强令岳飞班师。

绍兴十一年（1141），秦桧为剪除和谈障碍，诬陷一贯主战的岳飞"谋反"，将岳飞父子和部将张宪关进杭州大理寺。绍兴十一年十二月二十九日（1142年1月28日），宋高宗和秦桧以"莫须有"的罪名，将岳飞父子和部将张宪杀害，岳飞宁死不屈，临刑前挥笔写下"天日昭昭，天日昭昭"八个大字。

杨再兴原本是盗匪曹成的手下。那时兵荒马乱，各地盗贼蜂起，曹成是湖东路势力较大的盗贼之一。绍兴二年（1132），岳飞率军前去平匪，在战斗中，"岳家军"一路高奏凯歌。谁知道，这个曹成虽然很好打，曹成手下的杨再兴却很不好打。他首先在战斗中砍死了大将韩顺夫，岳飞又派遣王经、张宪去攻打。杨再兴最终被张宪击败，逃往广西。张宪引军紧追不舍，杨再兴走投无路，跳入深涧，张宪准备杀死他。杨再兴忽然大喊："别杀我，请带我去见岳飞。"

岳飞见到杨再兴，亲手为他松了绑，对他说："现在国家有难，我们要共赴国难，精忠报国。"杨再兴也是一条好汉，从此对岳飞忠心耿耿。

绍兴十年（1140），金军统帅兀术率一万五千骑直袭郾城，拉开了郾城大战的序幕。郾城大战是岳家军与金军进行的一场大规模决战，双方投入的兵力和战役的惨烈程度都是空前的，岳飞亲自披挂上阵。在战斗最紧张的时刻，杨再兴竟然单骑冲阵，欲生擒兀术。他在上万人中冲杀一气，左冲右突，如入无人之境，杀得以悍

杨再兴血战小商河

勇著称的金军骑兵闻风丧胆。然而他找了半天也没找到兀术，郁闷之下，撂倒几百个金兵，在负伤五十多处的情况下杀了回来。此役杨再兴一战成名，也让骄横的金军彻底崩溃，他们发出了"撼山易，撼岳家军难"的哀叹。

而后杨再兴与李璋率领三百名骑兵，分为两队，靠近临颍。杨再兴在小商桥同金军的十二万大军相遇，杀死金军士兵二千多人以及万户、千户等金军将领一百人。但终究寡不敌众，参战宋骑全数战死。金军箭飞如雨，杨再兴每中一箭，都折断箭杆继续冲杀，最后不幸马陷小商河，中箭无数而死，但是他和他的马依然在河中站立不倒。金军逃逸之后，张宪在残阳如血的战场上找到了杨再兴的遗体，火化之后，从中捡出铁箭头两升有余。

『宋之苏武』洪皓

　　洪皓，字光弼，饶州鄱阳人，南宋名臣。宋徽宗政和五年（1115），洪皓高中进士，后任秀州司录。

　　建炎三年（1129），洪皓受到宋高宗赏识，被高宗亲自召见，以徽猷阁待制、假礼部尚书使金。但金没有议和之意，所以当时做使节是非常危险的。洪皓行至太原，被金人扣留了近一年，第二年转至云中，才见到金国权臣完颜宗翰。完颜宗翰不答应洪皓请归二帝的要求，逼迫他到金廷操纵的伪齐政权去当官。洪皓严词拒绝："这次我奉大宋皇帝的旨意出使，不能使二帝南归，已经深恨自己不能讨伐伪齐刘豫，哪有到他手下做官的道理！我绝不愿苟且偷生，就是受鼎镬之刑也不妥协。"完颜宗翰大怒，下令将他推出去斩首。洪皓面不改色，从容而行。一位金国贵族见状，深受感动，不觉失声道："这真是一位忠臣呀！"他用目光示意剑士暂缓行刑，向完颜宗翰请求免除洪皓一死。完颜宗翰虽然没有杀洪皓，但把他流放到了遥远的冷山。

　　冷山气候寒冷，十分荒凉，一年四季多被冻指裂肤的寒风包围着。那里是女真贵族完颜希尹家族的驻地。

洪皓以他的渊博学识和聪明才智，很快得到了完颜希尹的赏识。完颜希尹破例让他教授自己的八个儿子读书。洪皓时刻不忘自己的使命，一有机会就劝金国贵族与宋议和。完颜希尹最初力主攻宋。他曾说："宋金两国力量悬殊，我们金国灭宋只是早晚的事。"洪皓听后，警告他说："战争是火，玩火者将自焚。"绍兴年间，金人由于国力渐渐衰落，开始产生了议和之意。在议和期间，完颜希尹曾就所议十事征求洪皓意见。听了洪皓的分析，完颜希尹认为他讲得很有道理，于是便带着他赶赴燕京，意欲遣洪皓归宋进行议和。然而，到了燕京之后，金人内部产生了严重分歧。不久，完颜宗弼杀了完颜希尹，受株连者有数千人。洪皓因与完颜希尹有过异论，才幸免于难。

在燕京，洪皓见到了昔日好友宇文虚中，宇文虚中被金人扣留后当了金朝大官。见到洪皓以后，宇文虚中劝他留在金朝当官，并积极向金熙宗推荐他。金熙宗想让他担任翰林直学士，洪皓坚辞不就。他向金朝参政韩昉请求，希望到临近宋域的真定或大名等地生活，以便寻机逃回宋朝。韩昉看出了洪皓的意图，让洪皓任中京副留守，洪皓坚决不接受。金人又让他担任留司判官，并催促他尽快起行。洪皓置之不理，誓死不就。不久，金帝大赦天下，允许被扣留的使者返宋，洪皓也在被放归的名单之中。洪皓等人启程后，金人担心他返宋后成为金国之患，又派人追赶他。然而，当七名骑兵赶到淮河边时，洪皓已经登船南下了。

洪皓有"宋之苏武"之称。苏武是西汉大臣，他奉命出使匈奴，被扣押在匈奴十九年之久，一直持节不屈，深受后人敬仰。洪皓奉命出使金国，同样被扣押当地，滞留了十五年之久。十五年间，他多次面临生命危险，始终坚贞不屈，忠义之声闻名天下，与苏武一同被奉为爱国之楷模。

　　1140 年，宋金议和，金人答应归还宋朝三京。南宋新任东京副留守刘锜率军由临安取水路北上赴任。五月十五日，刘锜抵达顺昌，听说金军毁约南进，其前锋已进抵距顺昌三百里的陈州。

　　顺昌地处淮北颍水下游，为金军南下必经之地。见此情况，有的将领主张南逃。卖国贼秦桧也要他及时撤防。刘锜不同意，认为顺昌有城可守，有粮数万斛，可以一战。遂与知府陈规商定坚守顺昌，决心抗击金军。

　　他下令凿沉所有的船只，并把自己的家属安置在一座寺庙中，门外堆满了柴草，然后告诫守卫的士兵："如果战事不利，就先焚烧这里，不要使我的家属沦落敌手受到侮辱。"在刘锜和顺昌知府陈规的领导下，军民同心协力，"男子备战守，妇女砺刀剑"。城上设置了许多防御箭矢的工事，外城根构筑了羊马圈式的土墙，墙上开了许多便于观察、又可射箭的孔洞。刘锜把部队分成几个部分，轮流战斗和休息。同时在城池附近设了伏兵，准备袭击敌人和捕捉俘虏。经过六昼夜的努力，初步完成了顺昌的防御准备。

刘锜察知金军在顺昌城外三十里的白龙窝驻扎，便乘他们立足未稳，派兵千余乘夜袭击，首战告捷。不久，金军三万余人进围顺昌。为了迷惑敌人，刘锜下令打开所有城门。金军担心有埋伏，不敢靠近，只在远处放箭。金军后退时，刘锜乘机挥军掩击，不少金兵淹死于颍河中。刘锜又连续两次趁着有雷雨的黑夜袭击金营，金兵伤亡惨重。

金军统帅兀术在开封得知顺昌失利后，于六月亲率十万大军赶来增援。兀术到达顺昌城下，见城垣低小，便轻蔑地说："我可以用靴尖踢倒它。"他命令十万金军把顺昌层层包围起来，并以主力攻东、西两门。刘锜一方面加紧备战，另一方面为了进一步麻痹兀术，派曹成等二人故意让金军抓住，向金军散布谣言说："刘锜是大官的儿子，喜好声色、贪图安乐，他担任平京副留守，本是来享太平富贵的。"兀术听后信以为真，下令留下攻城武器，轻装急进，向顺昌城发起总攻。但是，由于顺昌守军坚决抵抗，加之天气炎热，金军远来疲乏，顺昌始终岿然屹立。

六月二十六日深夜，刘锜趁天下大雨，平地水深尺余的时机，派出一支部队出西门攻打金兵，用以分散敌人注意力，然后派五千精兵出南门，直袭兀术大营，杀死金兵近万人。兀术派出他的精锐部队"铁浮图"反扑。"铁浮图"就是穿上重铠、戴着铁帽子的骑兵，三个人一组，用皮带将马连起来。刘锜早已准备好了对付"铁浮图"的办法，"铁浮图"一出动，宋军先用标枪挑掉他们的铁帽子，然后用利斧砍断他们的臂膀，或者用大棒击碎他们的脑袋，彻底粉碎了金军的反扑。兀术不甘失败，又调集他的另一支精锐"拐子马"向宋军进击。"拐子马"就是布置在左右两翼的骑兵，全由能骑善射的女真人组成，号称"常胜军"。可是，在宋军快刀、利斧的攻击下，这支常胜军也失败了。六月三十日，兀术率军狼狈地撤回了开封。

经此一战，金兵对刘锜畏若猛虎。在次年的柘皋之战中，刘锜带领的增援部队刚到，金兵一见宋军大旗上的"刘"字，便惊呼："这是顺昌之战时的旗帜！"不战而退。

顺昌之战中，宋军在刘锜领导下，上下一心，协力守城，以顺昌城为防御要点，利用金军远来兵疲、不耐酷暑、不善夜战的弱点，采用以逸待劳以攻为守以长击短的战法，大败金军主力，粉碎了金军的进攻。顺昌大捷成为战争史上以少胜多、以弱胜强、以步制骑的著名战例。

## 辛弃疾生擒张安国

辛弃疾是南宋爱国词人。二十一岁时，他组织了一支两千多人的抗金义军，而后投奔当时河北、山东实力最强的义军首领耿京，被耿京任命为掌书记。绍兴三十二年（1162），耿京派辛弃疾等十一人为使者南下，想归顺南宋政权。辛弃疾在建康见到了宋高宗赵构。他送上表文，申述中原人民的苦难，希望朝廷能够尽快收复失地。宋高宗认为耿京义军的归顺是很有面子的事，非常高兴，立刻封耿京为天平军节度使，义军中大小头目都得到了封官的许诺。辛弃疾也被封了一个九品文官——右承务郎。

辛弃疾在完成使命后北归的途中，遇到耿京部将王世隆，得到了耿京为叛徒张安国所杀、义军溃散的消息。原来义军在东平府与金军对峙的时候，金军用重金收买了耿京的偏将张安国。张安国见利忘义，丧尽天良，又买通了耿京的卫士邵进，在食物里下了毒。耿京吃后，中毒身亡，军中顿时乱了起来，人心惶惶。张安国乘机与金军里应外合，放金军进城。义军措手不及之下仓促迎敌，王世隆带领本部进行巷战，最终寡

不敌众，只好单枪匹马冲出重围，收拾败军，打算重整旗鼓为耿京报仇。辛弃疾又听说张安国做了伪济州的知州，更是义愤填膺。

辛弃疾等人招集了几百旧部，当场宣布了张安国等人的罪状，号召大家到济州杀了叛徒，为耿京报仇。辛弃疾挑选了五十名精兵，骑着快马，风一般地奔向济州。到了济州衙前，他冲破金兵的拦截，大声喊道："我是辛弃疾，有急事要见张知州。"此时，张安国正在与金将喝酒，听到衙役报告，大吃一惊。随后，他眼珠一转，吩咐手下大摆宴席，并暗暗在两廊埋伏刀斧手，想要伺机杀掉辛弃疾。布置完后，张安国亲自出衙迎接辛弃疾，抱拳说："贤弟，一路辛苦了！张某特备薄酒为你接风洗尘，有大事相托。请！"想把辛弃疾诱进衙里。但这一伎俩早被识破，辛弃疾装作上前施礼，猛然伸手，一把抓住张安国衣襟，用力往怀里一拽，又顺势把他按倒在地。跟随来的士兵用绳索把张安国绑住，齐声喊到："天兵在此，归顺者免死。"吓得张安国的部下不敢向前。这些人中有的原是耿京的旧部，立刻表示归顺。辛弃疾将张安国捆在马背上，率领这支精兵杀散了来救张安国的金兵，冲破重重阻拦，扬长而去。他又沿路收编耿京旧部，组成了一支上万人的队伍。

辛弃疾率部南行，将叛徒张安国押到建康行营斩首示众。此举使他名噪一时，得到了当时主持军务的都督府军事参赞虞允文的赞许，宋高宗赵构则任命他为江阴签判。这时的辛弃疾才二十五岁。

## 魏胜收复海州

魏胜，字彦威，宿迁人，南宋名将。他出身农家，早年曾为弓箭手。胆略过人，骁勇善战。

靖康二年（1127），金兵攻破宋朝国都汴京，掳走了徽、钦二帝。不久，宿迁沦陷于金国。眼见家乡父老遭受金兵的蹂躏，年幼的魏胜对金兵恨之入骨，因此他从小跟着大人们学骑马、射箭、刀枪。此时，韩世忠督兵于淮楚一带。年青的魏胜应募投军，成了一名弓箭手。

绍兴三十一年（1161），魏胜再次渡淮侦察，发现金主完颜亮在海州、涟水一带活动，聚集粮草、制造器械，并在各地征兵，准备大举南侵。魏胜把这一情况报告给楚州知州蓝师稷，建议趁金兵不备，袭取涟水。但是，蓝师稷怕担责任，不敢采纳魏胜的建议。于是，魏胜自告奋勇，聚集了三百名自愿参战的义士，对他们说："现在金人一心想打咱们，而绝不会想到咱们也会去打他们，这正是我们收复失地的绝好机会！"魏胜率领这三百义士连夜渡过淮河，一举占领了涟水城。占领涟水城后，魏胜严令部下不准擅杀一人。他对城中百姓说："涟水本是大宋的国土，你们原是朝廷的百姓。自从淮北被金侵占后，大家饱受金虏蹂躏。我的家乡宿迁沦陷得比涟水还早，我深知其中的痛苦。现在金主背信弃义，又要南侵，难道你们不想回归朝廷，和我一起收复失地吗？"百姓听了魏胜的话，万分激动："我们做梦都想回归大宋，给金人当奴隶的滋味早就尝够了！"当下，就有数百人参加了魏胜的忠义军。在涟水人民的支持下，忠义军直向海州进发。

海州的守臣叫高文富，他听说魏胜占领了涟水，便派兵前往收复。当魏胜带领忠义军行进到离海州八十里的大伊山时，遇到了高文富率领的军队。只见魏胜挥舞大刀，一马当先，其余义军紧随其后，奋勇冲杀。高文富拨马而逃，退入海州城中。忠义军只有五六百人，强攻是不行的。于是，魏胜命一部分勇士绕道海边，假作从海上登陆，又叫部下在州城四面广树旗帜，多举烟火为疑兵。这样一来，高文富以为魏胜人马众多，吓得紧闭城门，虽有数千军兵，还是不敢出城一战，甚至把百姓赶到城上为他守城。魏胜见后，知道高文富既胆怯，又不得人心，于是派人到各城门向守城百姓宣传："金人弃信背盟，无名举师，欲犯淮南。你们原本都是大宋子民，朝廷念你们饱受金人摧残，派我等来此收复失土，你们可速开城门，协助我等共擒高贼，忠义军绝不扰民。"守城百姓立即打开城门迎接魏胜，并主动充当向导，直向州衙发动攻击。高文富与其子高安仁率千余牙兵负隅顽抗。魏胜派遣数十名勇锐之士攀登城楼，自己则率领部队与高安仁大战于谯门之内。忠义军勇士以一当十，把高安仁及其爪牙全部消灭，并活捉了高文富。

忠义军拿下海州后，魏胜权知州事。他派人告朐山、怀仁、沭阳、东海诸县，各地望风归顺。他在海州采取了蠲租税、释罪囚、开仓库、济贫民、犒战士等措施。忠义军军纪严明、深受百姓拥戴。魏胜自兼都统制，广募忠义，以图收复失地，不久便有数千壮士应募。他把部队分为五军，并将此情况报告给楚州知州蓝师稷，希望能够得到军装器甲。然而，蓝师稷等虽然明知金人将背盟南侵，但因惧怕朝廷主和派的势力，不敢上报，以致魏胜的忠义军得不到武器装备。为了解决兵器问题，左军统制董成准备攻打沂州。魏胜派人侦察后告诫董成："我们现在器甲未备，而金军又有数万人开往沂州，将军不要轻举妄动。"董成性急，率领一千多人袭击沂州，经过激烈的巷战，斩敌三千余人，得器甲数万。这时金兵援军已到，董成赶紧组织人力搬运器甲，并且亲自断后。金兵纷纷爬上屋顶，居高临下抛砖掷瓦，打得董成几乎溃不成军。幸亏魏胜及时接应，这才转危为安。

金主完颜亮听说魏胜攻陷海州、夺取军械的消息以后，派海州同知蒙恬率万余金兵攻打海州。魏胜得知后，设伏兵于险隘之处，自率精兵进抵离海州二十里的新桥迎敌，与金兵展开殊死大战。金兵人多势众，步步紧逼；魏胜佯败，且战且退。正当金军得意之际，突然伏兵出现，金军一下子乱了阵脚。魏胜率队杀了个"回马枪"。蒙恬措手不及，被魏胜一刀斩下马来。金军失去主帅，更加慌乱，被斩千人，数百人投降，其余仓皇逃遁。这一次胜利使得魏胜军威更振，山东人民均欲来投附。魏胜深感自己兵马尚少，又无朝廷支援，于是告诉山东百姓："你们暂且集合起来，结寨自守，等待朝廷军队的到来。"

沂州有数十万百姓结寨于仓山。金兵围困日久，形势危急，他们派人到海州来求救，魏胜立即分兵前往。到仓山之后，魏胜率军冲开金人阵地，直赴寨中。金军伏兵袭来，魏胜手持大刀，单骑断后。金兵以五百骑兵，将魏胜团团围住。只见他挥舞大刀，驰突四击，待他冲出重围时，已身负数十处创伤。金兵只能在后面用箭射击。临进寨门，魏胜坐骑被流矢射倒，他便下马步行入寨。金兵无一人敢上前与其交战。魏胜入寨以后，金兵围攻愈紧，并且断绝水道，企图困死寨中军民。寨中饮水用完了，魏胜带领军民宰牛杀马，取血当水，坚持斗争。正当双方相持不下的时候，天降暴雨，金人的阴谋破产了。金军计划失败，反而攻寨更急，并且四面设营。这种反常行动引起了魏胜的注意。他料定敌人必定要移兵海州，才这样虚张声势。乘金军不备，魏胜避开金营，偷偷回到海州募士卒备战。

不久，金兵果然撤去仓山之围，移兵海州城下。先头部队刚到，魏胜即出城迎战，连着打了几个胜仗。后来，金军大部队到齐，箭矢如雨，魏胜被一箭射中鼻唇，打掉上牙，这才撤回城中，指挥固守。金兵将海州团团围住，四面猛攻。魏胜率领全城军民坚守城池，还不时乘夜色出击，使金军得不到休息。金军围攻海州七天，非但没有得到半点便宜，反而伤亡惨重，只好离去。

从此，魏胜威震山东，不少金兵只要看到绣有"山东魏胜"四个字的大旗，就仓皇退走。魏胜利用金人惧怕自己的心理，秘密制作了数十面旗帜，交给诸将。每当战斗激烈的时候，他们就猛地打出大旗，使金人自乱阵脚。由于魏胜忠义军的牵制，完颜亮不能全力举兵南下。他虽多次分兵攻打海州，但均以失败告终。

魏胜当初刚打下海州时，既无州郡粮饷之给，又无府库仓廪之储。然而，他在海州行工商、劝粜粮、课酒税、榷盐纲，保障了军队的供给。他又根据海州的地形，筑重城，浚沟壤，塞关隘，造战车，使海州成为扎在完颜亮脊背上的芒刺。魏胜的忠义军在海州节节胜利，威震苏鲁，但在很长一段时间内，朝廷还不知晓。直到沿海置制使李宝派他的儿子李公佐从海上刺探军情，乘船到海州以后才知道魏胜为国家立下了这么大的功劳。李宝表奏朝廷后，宋高宗正式任命魏胜为海州知州兼山东路忠义军都统。

金军吃了大败仗后，对魏胜恨之入骨，趁李宝舟师出海之机，发二十万兵攻海州。这时魏胜部队还未进城，城外百姓听说金军来了，纷纷欲进城躲避。守城统制郭蔚见状，连忙紧闭城门。城外百姓不得入城，一时间哀号遍地。魏胜入城告诉郭蔚："金兵素来怕我，上次他们先头部队十万人，被我杀了几千，其他人就吓跑了。只要固守城池，敌人奈何不了我们，你怎么能把百姓关在城外，任凭金兵虏杀呢？"郭蔚这才放下心来，大开城门，让百姓都入了城。不多久，金兵就把海州包围起来。魏胜与郭蔚分兵把守，偃旗息鼓，海州城寂若无人。金军惊疑，数日不敢攻。后来才架云梯，置炮石，四面合围。魏胜等他们走近了，立刻鸣鼓张旗，向他们发起进攻。如此三天三夜，金兵竟不能近城，于是又使出老办法，修营垒，绝河道，企图困死魏胜。魏胜一方面不断出击骚扰敌人，一方面派人向李宝求援。李宝派人告诉魏胜："我已命张子盖率兵来海州解围。"不久，张部骑兵赶到，与魏胜里外夹击，打得金兵大败。

绍兴三十一年（1161），金主完颜亮率领六十万大军，分四路南下。当时的金国，兵精粮足，完颜亮刚平定了后方，气势很盛，他甚至写下了"万里车书尽混同，江南岂有别疆封。提兵百万西湖上，立马吴山第一峰"的诗句，其吞并南宋之心昭然若揭。面对来势汹汹的金兵，朝廷里许多人主张投降；但也有不少将士主张和金人决一死战。

当时，淮西这一带由王权主持防务，坐镇庐州。在金军的进攻下，王权节节败退，一直退到江南的采石矶；他知道大事不好，竟带着家眷和财物星夜逃离了阵地。将士们失去了主将，顿时大乱。一旦金兵打过长江，采石就会失守，那临安也就危险了。不久，扬州失守，金军占领了两淮大片地区，主力逼近采石矶。前方失利的消息传来，吓得宋高宗赵构想走海路远逃。陈伯康等几位大臣极力劝阻，主张另派人去驻守采石矶，抵御金军。于是赵构命叶义问掌管江淮军事，派李显忠接替王权，又派虞允文到前线去慰劳将士。

却说虞允文日夜兼程地往采石赶，沿途得知王权已经逃走了，李显忠却还在路上。他看到不少王权部下的士兵，三三两两地蹲在路边，解甲卸鞍，无精打采。虞允文跳下马，吃惊地问："金军马上就要渡江了，你们怎么还闲坐在这里？"士兵们无可奈何地摇摇头："将军都跑了，我们还留在这儿干什么呢！"虞允文看到这种情况，非常担心金军乘机渡江，便立即召集将领们商议，敦促大家共同抵抗。这时，有个将领说道："你是来慰劳大军的，不是来督战的，如果战事不利，你能负起这个责任吗？"虞允文说道："大敌当前，国事为重，如大家信得过我，我愿临时负责军务，同诸位一起与金兵决一死战！身为朝廷官员，不论职位高低，都应该在国家危难时挺身而出。国家养了我们这些人，难道我们不应该以死报国吗？"经他一番话，大家表示愿意听从他的指挥。虞允文随即布置兵力，把将士们派到各个地区设防。

在采石矶的宋军不过两万人，而金军有二十万兵力。事到如今，虞允文也顾不得许多了。当夜，他和时俊等几位将官把一种水中行动很快的海鳅船藏在江边的港汊里，同时整顿军队，做好了迎战的准备。采石矶的老百姓听说要打金兵，纷纷跑来参战，极大地鼓舞了士气。将士们个个摩拳擦掌，严阵以待。

虞允文把一切安排好，又亲自来到江边观察敌情。他忽见金军开始渡江，立刻下令诸军准备迎敌。

江北的完颜亮不知道宋军的情况，以为对方援兵已到，便想趁着宋军还来不及布置，先派兵进攻。他一声令下，成千上万艘战船乘着江风向江南扑来。不一会，金军的先锋船就抵达了江南岸。站在指挥船上的完颜亮见岸边没有一点动静，便下令停止前进，但船速太快，怎么也停不下来。前面的船已经靠岸，后面的船还漂在江心。

藏在一块大青石后面的虞允文看到不少金兵已经登陆，便拍拍时俊的肩膀："时将军，你的胆略天下闻名，这回可得看你的了！"时俊抡起双刀，大吼一声，隐藏在草丛中的士兵们一起冲了出来，把还没站稳脚跟的金兵杀得抱头鼠窜。

完颜亮看大事不好，慌忙下令后退，可后面的船却转不过身，进不得退不得。正在焦急之际，忽然港汉里又冲出十几艘奇怪的大船，这些就是虞允文事先藏在江边港汉里的海鳅船。海鳅船乘风破浪猛撞过来，把金军的船队拦腰切断，然后分别围歼。宋军将士奋勇当先，登上船头用长矛向敌人猛刺。宋将时俊也乘船参战，他望见大船上有个金军大将正在指挥，立刻搭弓放箭，正中咽喉。金兵失去指挥，顿时乱了阵脚。宋军士气大振，纷纷跳上金兵的船，杀得金兵闻风丧胆。

宋军一边打一边呐喊，岸边山头上还响起震耳欲聋的锣鼓声。那是从光州退下来的一群负了伤的宋军，却依然要求参战，虞允文便叫他们隐蔽在山上敲锣打鼓，以助军威。完颜亮吓得魂飞魄散，跺着脚在船上喊："退兵，马上退兵！"就在这时，岸边的竹林里陡然飞出无数箭羽，金兵死的死，伤的伤，完颜亮的肩上也中了一箭。

虞允文料想完颜亮不会甘心失败，对诸将说："金兵虽败，但明天必定会再来，诸位不要因为胜利而松懈。"当天夜里，他把战船分为两队，一队开到上游，一队留在渡口。第二天天蒙蒙亮的时候，完颜亮果然又派兵渡江，虞允文指挥两队战船夹击。金军三百只大船被困在江心和渡口，宋军放起一把火，把金兵的船烧得七零八落。

宋军在采石矶大胜之后，主将李显忠才带兵到达。虞允文对李显忠说："敌人在采石矶失败之后，一定会到扬州去渡江。对岸镇江那边没准备，情况很危险。您在这儿守着，我到那边去看看。"李显忠马上拨给虞允文一支人马，由虞允文率领前往镇江。

镇江原来由老将刘锜防守。那时候，刘锜已经病得不能下床了。虞允文到了镇江，先去探望了刘锜。刘锜躺在床上，紧紧拉着虞允文的手，心情沉重地说："想不到抗金挫敌还得靠您这位书生，我们当将军的实在太惭愧了。"

这时候，金兵打了几次败仗，都害怕作战。有些将士暗地里商量逃走，完颜亮发现后，下令士兵逃亡杀死将领，将领逃亡杀死主将，并且宣布第二天全军渡江，畏缩不前者处死。这些命令使金军内部矛盾进一步激化，不久，完颜亮就被部下杀死了。金兵退屯三十里，遣使议和。虞允文在南宋朝野上下获得了极高的声誉。

度宗咸淳八年（1272）春，元军对樊城发动总攻，襄樊之战正式开始。三月，阿术、刘整、阿里海牙率军进攻樊城，攻破城廓，进一步缩小了包围圈，宋军只好退至内城坚守。四月，南宋京湖制置大使李庭芝招募襄阳府、郢州等地民兵三千余人，派张顺、张贵率军救援襄阳。二张率轻舟百艘，士卒三千及大批物资出发了。临行前张顺激励士卒说："这次救援襄阳的行动，任务十分艰巨，每个人都要有必死的决心，你们当中如果有人并非出于自愿，那就赶快离去，不要影响这次救援大事。"众官兵群情振奋，斗志昂扬，表示坚决完成任务。

五月，救援战斗开始，二张在高头港集结船队，把船连成方阵，每只船上都安装火枪、火炮，准备强弓劲弩，张贵在前，张顺在后，突入元军重围。船队到达磨洪滩，被布满江面的元军船舰阻住，无法通过。张贵率军强攻，将士一鼓作气，先用强弩射向元军船舰，然后用大斧短兵相接，冲破重重封锁，胜利抵达襄阳城中。当时襄阳被困已有五年之久，二张入援成功，极大地鼓舞了城中军民的斗志。然而，张顺在这次战斗中不幸牺牲。几天以后，襄阳军民在水中找到了他披甲执弓、怒目圆睁的尸体。大家怀着沉痛敬佩的心情安葬了张顺，并立庙祭祀。

张贵入援虽然给襄阳守军带来了希望，但在元军严密封锁下，形势仍很严峻。张贵联络郢州的殿帅范文虎，约定南北夹击，打通襄阳外围交通线，由范文虎率精兵五千驻龙尾洲接应，张贵率军和范文虎会师。张贵按约定日期辞别襄阳知府吕文焕，率兵三千顺汉水而下，途中发现少了一名因犯军令而被鞭笞的亲兵。张贵大惊，对士兵们说："我们的计划可能已经泄露，只能迅速出击。敌人或许还来不及得到消息。"他们果断地改变计划，乘夜放炮开船，杀出了重围。元军得知张贵突围，派数万人阻截，把江面堵死。张贵边战边行，接近龙尾洲，远远望见龙尾洲方向战舰如云，旌旗招展，以为是范文虎的接应部队，便举火晓示，对方船只见到灯火便迎面驶来。等到近前，才发现来船上全是元军，原来元军已先占领了龙尾洲，以逸待劳。宋元两军在龙尾洲展开了一场遭遇战，张贵力不能支，被元军俘获，不屈被害。元军派四名南宋降卒将张贵尸体抬到襄阳城中，迫使吕文焕投降。吕文焕杀掉降卒，把张贵与张顺合葬，立双庙祭祀。

元军为尽快攻下襄樊，于咸淳八年（1272）秋采取了分割围攻战术。南宋守将牛富率军巷战，终因寡不敌众，投火殉职，偏将王福赴火自焚，樊城陷落。樊城失陷以后，襄阳形势更加危急。元军在攻城的同时劝降吕文焕，吕文焕感到孤立无援，遂举城投降，襄樊战役宣告结束。

　　杜杲出身官宦人家，其父杜颖官至江西提点刑狱。杜杲以父荫入仕，后又被江淮制置使李珏聘为幕僚。

　　嘉熙元年（1237），蒙古宗王口温不花部攻安丰，时杜杲知安丰军，他先把军民迁到淮城，命儿子杜庶押运银粮接应，设伏兵于安丰城四周。蒙军扑了个空，杜杲即率军穷追猛打，大获全胜。蒙军又利用火炮攻城，把安丰城的城楼全部摧毁。杜杲发明了一种用木材搭构起来的移动木楼。木楼很高，可以放到护城壕沟的旁边，上面开有箭窗，用于射击，楼与楼之间用横木连接，可以如同在城墙上一样调动兵力。这种楼的坚固度是普通城楼的三倍，而且制作方便。杜杲一下子就做了几百座，布置成防线，哪座楼被蒙军击毁就置换一座新楼上去，如同一道移动城墙。

　　经过长时间的围攻，蒙军最终用石头在安丰的护城河上填出了二十七道坝桥，开始直接攻击安丰城，但杜杲马上派宋兵攻夺并扼守住护城河内侧的二十七个桥头。蒙军又组织了一批死士，身披十余层牛皮做的厚甲，连面部都罩住，向宋军发动攻击。杜杲则利用再严密的铠甲也不能完全遮住眼睛的道理，挑选了一批神射手，使用一种特制的小箭，专门射击蒙军的眼睛，杀伤了许多蒙军死士。

随着蒙军攻城时间的拉长，各路宋军援军先后接近安丰，池州都统制吕文德便是第一个率援军到达安丰城外的宋将。他用计一举突破蒙军包围圈，杀入安丰城中与杜杲会合。宋军士气大振，并且获知了外围宋军的部署和作战计划。

于是，在蒙军又一次进攻失败之后，杜杲招募敢死勇士向蒙军发动反攻，夺取了一些护城河上的坝桥，并在约定的时间里与安丰城外的余玠军、赵东军、夏皋军等内外夹击蒙军。蒙军败退，其火炮等来不及撤走的器械被全部摧毁，死伤一万七千多人。安丰之战是宋军在两淮战场取得的又一个重大胜利。战后，杜杲升任淮西制置副使兼知庐州。

嘉熙二年（1238）秋，察罕率蒙军再次大举进攻两淮，号称八十万大军，包围了庐州，意图攻破庐州，然后以巢湖为基地训练水军以渡过长江。

这一次蒙军做好了更加充分的准备，攻城的器械数倍于安丰之战时。知庐州的杜杲利用其丰富的守城经验，积极备御。他事先已制作了许多木楼，以应对蒙军的火炮。蒙军于城外建起的六十里长的土墙，也被杜杲毁去。察罕见庐州屡攻不克，于是转军东进，攻陷滁州；至天长县，遭知招信军余玠截击；攻泗州，为城周濠水所阻，激战多时，毫无建树。察罕见屡战不利，终于北撤。

　　文天祥是宋末政治家、文学家、爱国诗人、抗元名臣，二十岁时状元及第。他生活的时代是南宋末年，朝廷偏安江南，国势衰微，奸臣贾似道当权。北方蒙古族于 1271 年结束了内部夺位之争，建立了元朝，侵略矛头直指南宋。1273 年，丞相伯颜统二十万大军攻下南宋江北重镇襄阳，以此为突破口，顺江而下，两年不到，便打到了南宋首都临安近郊。元军所过之处，尸横遍野，血流成河，农田荒废，百业凋敝。这是一场空前残暴的侵略战争，南宋面临着亡国之危。宰相陈宜中只得向各处告急，号召各地军民前来保护朝廷。

　　文天祥听到消息，立即招兵买马，联络各地义军。当地百姓纷纷响应，不到几天，文天祥就招集了几万人马，星夜开往前线。这时有人问文天祥："国家已经快亡了，你去还有什么用？再说，你带的都是没有受过训练的新兵，怎么能打仗？"文天祥说："这些我也早就想过了。可是国家到了最危急的关头，即使只有一人一兵，也要起来保卫国家，我有一份力量，就出一份力量。"军队没有粮草，文天祥就把自己的家产卖掉，又到各处借了粮草充作给养。

当文天祥带兵来到长江的时候，元军已经打到常州了，他只好带兵援救常州。他所带的士兵都非常勇敢，打了一天一夜，几乎全军覆没。朝廷见大势已去，命文天祥退守余杭。

元将伯颜已经带领军队攻到南宋的京城，朝中的大臣们见势不好，走的走，跑的跑，宰相陈宜中也逃到南方去了。在这危急时刻，南宋朝廷任命文天祥为右丞相，让他去元军大营和伯颜讲和。到了元军大营，面对伯颜的恐吓，文天祥从容地说："我是大宋宰相，富贵也算到了极点了，所缺的只是一死报国。国存我就存，国亡我也亡，你不必用死来吓唬我！"伯颜见文天祥是个有才干的忠臣义士，就把他扣留了起来，押往北方。

走到镇江的时候，文天祥借机逃了出来。然而，此时传出了文天祥投降元军的谣言。他在真州、扬州得不到信任，无奈之下，只得往温州走。经过千辛万苦，他来到温州。这时陆秀夫、张世杰、陈宜中等拥立九岁的吉王赵昰在福州称帝。文天祥和朝廷取得了联系，接着又奉召赶到福州与陆秀夫、张世杰相见，并陈述了自己的经历，商讨救国大计，准备收复国土。但陈宜中怕他们合作对自己不利，便从中作梗，硬是派文天祥到江西主持军事。

文天祥到了南剑州，又招兵买马，设立督府，号召各地起兵，准备收复江西。不久，文天祥率兵打下了兴国，反攻赣州。赣州是文天祥从前镇守过的地方，老乡们听说他又回来了，纷纷响应。不料元将李恒虚张声势，表面上要攻赣州，实际上却在兴国偷袭文天祥。文天祥寡不敌众，结果大败而归。他的家眷被敌人抓住，部下大多战死。

文天祥脱险后，重新整理队伍，转入南岭山中。第二年进军海丰，到达潮州。十二月，元军又大举进攻。文天祥退到海丰以北的五岭坡，准备进山固守，却遭到元军的突然袭击，兵败被俘。他被押到元军都元帅张弘范的大营。张弘范亲自下座给文天祥解开绳索，以宾客的礼节接见他，客客气气劝他投降："你是大宋的宰相，投降了大元，也是宰相。"文天祥不理。

1279年，张弘范率水军攻崖山。这时，赵昰已病死，赵秀夫、张世杰拥立八岁的赵昺为帝，在崖山集结宋军，继续抗元。张弘范要文天祥写信招降张世杰。文天祥说："我不能保卫父母，难道还要教别人叛离父母吗？"提笔写下《过零丁洋》。这首诗的尾句说："人生自古谁无死，留取丹心照汗青。"崖山之战，宋军大败，陆秀夫背着赵昺蹈海而死，宋朝灭亡。战后，元军中置酒宴犒军，张弘范对文天祥说："丞相的忠心孝义都尽到了，若能改变态度，像侍奉宋朝那样侍奉大元皇帝，你还可以继续当丞相。"文天祥流着泪说："国亡不能救，作为臣子，我死有余辜，怎敢怀有二心，苟且偷生呢？"张弘范派人将文天祥押送到京师。

文天祥从兵败被俘到英勇就义，一共被囚禁三年零两个月。在这段时间当中，元朝统治者千方百计地对文天祥进行劝降，参与劝降的人物之多、威逼利诱的手段之毒、许诺的条件之优厚、等待的时间之长久，在当时独一无二。一天，元世祖忽必烈亲自来劝降，并许以丞相之职。文天祥毫不动摇，斩钉截铁地说："我一无所求，唯有以死报国。"元朝统治者还让文天祥早先被俘的女儿给文天祥写信，企图用亲情软化他的态度。文天祥接到女儿的信，虽然痛断肝肠，但仍然表示国既破，家亦不能全，因为骨肉团聚就意味着变节投降。利诱和亲情都未能使文天祥屈服，元朝统治者又变换手法，用酷刑折磨他，最终将他杀害。

文天祥面向南方慷慨就义，给世人留下一首撼人心弦的《正气歌》。"正气"，并不单指对于国家的忠诚，更是人类应坚持的高贵精神。

## 崖山海战

祥兴二年（1279）正月，元将张弘范率军攻至崖门，元军浩浩荡荡陆续抵达崖山，对南宋的最后据点形成三面包围之势。面对巨大压力，张世杰昼夜苦思破敌之策。有幕僚向张世杰建议应该先占领海湾出口，准备好向西方撤退的路线。张世杰为防止士兵逃亡，否决建议，并下令焚尽陆地上的宫殿、房屋、据点；又下令将一千多艘宋军船只用大绳索连成"一字"形的"连环船"，并把赵昺的"龙舟"放在军队中间。张弘范想效法赤壁之战，所以元军以小船载茅草和膏脂等易燃物品，乘风纵火冲向宋船。但张世杰早有准备，宋船外壳全都涂上了厚厚的泥，并在每条船上横放一根长木，以抵御元军的火攻。元军火攻不成，便以水师封锁海湾，又以陆军断绝宋军汲水及砍柴的道路。张世杰率苏刘义和方兴日大战元军，张弘范抓住了张世杰的外甥，让他向张世杰喊话，许给他高官厚禄。张世杰高声答道："我知道投降可以活命并获得荣华富贵，但忠君爱国的大义不可动摇！"三次招降都没有结果。这时，文天祥被关押在张弘范军中，张弘范便让文天祥写信劝降。文天祥挥笔写下了《过零丁洋》。张弘范知其志不可夺，也不再勉强。他又派人对宋船高喊："你们陈丞相跑了，文丞相被俘了，你们还能干什么？"但仍无结果。

祥兴二年（1279）二月六日正午，张弘范的水师于正面进攻，用布遮蔽载有伏兵的船楼，以鸣金为进攻信号。伏兵负盾俯伏，在矢雨下驶近宋船。两边船舰接近，元军鸣金撤布交战，一时间连破七艘宋船。宋师大败，元军一路打到宋军中央。这时张世杰见大势已去，便抽调精兵，和苏刘义带领十余只船舰斩断大索突围而去。

赵昺的船在军队中间，四十三岁的陆秀夫见无法突围，就把妻子推到船头，让她跳海自尽。接着，陆秀夫进船舱对八岁的小皇帝赵昺匆匆行了一礼，说："国事到此，陛下当为国死，德佑皇帝（赵显）已遭受屈辱，陛下不能再受辱了。"随后便背着赵昺跳入海中，随行十多万军民亦相继跳海。张世杰突围后，将士们劝他舍船登岸，去广东再战。张世杰叹道："没有用了。"他拖着沉重的脚步，登上舵楼，点燃一柱香，说道："我为大宋已经竭尽全力了，今天到这个地步，难道是天意吗？"说完纵身跳入大海。

崖山之战是中国古代军事史上一次规模较大的海战，在中国海战史上占有重要地位。从战术层面来看，张世杰、陆秀夫等人的部署失当，对战役失败负有不可推卸的责任，但他们在绝境中表现出来的那种知其不可为而为之的勇气，不能不让人叹服。南宋虽然覆没，但勇士们拼死抵抗，英勇献身，义无反顾，这种以爱国主义为内涵的"崖山精神"，永远鼓舞着后人。

南宋孤臣谢枋得

谢枋得，字君直，信州弋阳人。他自幼聪慧，每次读书的时候，可以五行一齐看下来，看过一次，终身不会忘记。他天性喜欢直言，一生以"忠义"为己任。

宝祐年间，谢枋得参加进士科考试，在考策论时严厉攻击丞相董槐和宦官董宋臣，结果只中了进士乙科。他被任命为抚州司户参军，随即弃职离去。第二年，担任建宁府教授。

在国家存亡关头，谢枋得挺身而出，组织抗元。由于南宋最高统治集团畏战，左丞相留梦炎弃职逃跑，兵部尚书吕师孟降元，其他不少大臣和前线将领也纷纷投敌，大片国土沦丧。1276年正月，元军进攻江东地区。谢枋得亲自率兵与元军展开了一场血战，终因孤军无援而失败。三月，元军占领南宋首都临安，并将宋恭宗、太后全氏、太皇太后谢氏押往元朝上都。太皇太后谢氏曾寄诏书命令南宋臣民降元，但谢枋得拒绝降元。五月，南宋景炎帝即位，谢枋得被任命为江东制置使。于是，他再次招集义兵，继续进行抗元斗争，但终因寡不敌众而失败。由于元军的追捕，他被迫隐姓埋名，逃亡福建，隐居在建宁唐石山中。他每天穿着麻衣草鞋，面向东方痛哭，藉以悼念已亡的故国。谢枋得不做元朝的顺民，以卜卦、织卖草鞋或教书为生，曾到武夷山拜访遗民熊禾。流亡期间，谢枋得创作了大量诗文，反映人民的疾苦，痛斥南宋大臣们的卖国求荣，表达复国还乡的强烈愿望，艺术成就极高。

元朝统一中国后，开始拉拢汉族士大夫。由于谢枋得的文名和威望，元廷曾先后五次派人征召，但都被他严词拒绝了，他还写下了《却聘书》："人莫不有一死，或重于泰山，或轻于鸿毛，若逼我降元，我必慷慨赴死，决不失志。"

1288 年冬天，大雪纷飞，福建行省参政魏天佑奉元帝之命，强迫谢枋得北上大都。到大都后，尚书留梦炎下令把他安排到悯忠寺休养。谢枋得住的那间屋子中，墙上有一块曹娥碑。谢枋得看到碑后，痛哭着说："一个年轻的女子尚能为父尽孝，我怎能不为国殉难呢？"他开始绝食。五天后，谢枋得终于以死殉国，那年他六十四岁。

## 于谦保卫北京城

于谦是明朝名臣，他少年时十分仰慕文天祥，除了习读八股制艺，还努力研讨古今治乱兴衰的道理。永乐十九年（1421），二十三岁的于谦考中进士。

明英宗正统年间，于谦任兵部侍郎。那时候，明王朝开始走向衰落，而北方蒙古族瓦剌部却统一了蒙古诸部，力量强大起来，不断袭扰明朝土地，成为严重的边患。正统十四年（1449）秋，瓦剌首领也先兵分四路南侵，到处抢杀掠夺，大同、宣府等城相继失守。此时明廷的军政大权掌握在宦官王振手中。妄自尊大、不懂军事的王振调集五十万大军，挟持英宗御驾亲征。于谦和诸大臣力谏无效。

明军还没到大同，便在土木堡被瓦剌的大军围住了。瓦剌的兵马像潮水般冲杀过来，明军大乱。随军文武大臣多半被杀，英宗被俘虏，王振也被自己人杀死了。土木堡一战，明军五十万大军损失殆尽。消息很快传到北京，朝中上下一片恐慌。

大臣徐有贞说："瓦剌来势汹汹，不如先逃到南方去暂避一下，再作打算。"兵部侍郎于谦斥责说："京城为国之根本，朝廷一旦撤出，民心即散，大家忘了南宋的教训吗？"于谦的一番慷慨陈词，触动了很多大臣，一些摇摆不定的大臣也纷纷附和。于是，太后决定让于谦负责指挥军民守城。

大敌当前，国无君主，而太子朱见深年仅三岁，于谦及众大臣请皇太后立郕王朱祁钰为帝。郕王朱祁钰是英宗的亲弟弟，英宗在亲征之前曾命他监国，此时他二十二岁，仅比英宗小一岁，正年富力强。明朝实行嫡长子继承制，目前英宗有太子在，郕王朱祁钰是没有资格继承皇位的。但在当时那种特殊的情况下，新皇帝最重要的不是有名分，而是要有领导百官、消除祸乱的能力，因此郕王朱祁钰比太子朱见深更为合适。朱祁钰登基，史称明代宗，明英宗被尊为太上皇。

同年十月，瓦剌军打到北京城下，在西直门外扎下营寨。于谦立刻召集将领商量对策。大将石亨认为明军兵力弱，主张把军队撤进城里，然后把各道城门关闭起来，日子一久，也许瓦剌会自动退兵。于谦不同意，他分派将领带兵出城，在元军必经之路设置障碍，并加固城墙，在京城九门外摆开阵势。此时，各地的明军接到朝廷的命令，也陆续来到北京支援。城外的明军增加到二十二万人。

瓦剌首领也先率军十万来到城下，看见明军军容严整，戒备森严，知道明军早已有了准备，便传令后退几十里，安营扎寨。于谦趁瓦剌军长途跋涉，有些疲劳，便不给他们休息的机会，当即下令主动进攻。一场激战，瓦剌先头部队损兵折将，明军军威大振。瓦剌第一仗失利，转向进攻德胜门。这天适逢大雨，明军按于谦的命令，派小股骑兵佯败诱敌，等到瓦剌军一万人追到城下，于谦下令用火炮轰击，伏兵四起，瓦剌骑兵惨败，也先的弟弟勃罗等人中炮身亡。也先又转攻西直门。由于守城将士防守严密，同仇敌忾，用火铳、弓箭和火炮打击瓦剌军，老百姓们也配合明军，用砖瓦投掷瓦剌军，也先几次发动进攻，都未能攻破城门。十月中旬，也先又进攻彰仪门，于谦派副总兵武兴、都督王敬，以火铳队为前队，弓刀队为后队，后队与前队密切配合，瓦剌军死伤惨重。

瓦剌军另一部五万骑兵围攻居庸关，守将罗通利用天气突然变冷的机会，命令士兵汲水泼到城墙上，使居庸关成为一座冰城，瓦剌军无法进攻。罗通乘其不备，出城突袭，挫败了瓦剌军攻占居庸关的企图。

经过五天的激战，瓦剌军死伤惨重。也先怕退路被明军截断，不敢再战，只得带着英宗和残兵败将撤退。于谦等英宗去远了，就趁机用火炮轰击瓦剌兵，瓦剌军伤亡惨重。至此，北京保卫战以明军胜利告终。

于谦一心保卫国家，但是当时主张逃跑的徐有贞以及被于谦责备过的大将石亨，都对他怀恨在心，暗中想报复于谦。

瓦剌见无利可图，便把英宗放回了北京。1457 年，明代宗生了一场大病，徐有贞、石亨跟宦官勾结起来，带兵闯进皇宫，迎明英宗朱祁镇复位。历史上把这件事称作"夺门之变"。没多久，明代宗就死了。

明英宗因于谦在他被俘时拥立代宗，心里本来有气，再加上徐有贞、石亨一伙在他面前说了不少诬陷的话，竟下了狠心，给于谦加上个"谋反"的罪名，把于谦杀害。

于谦曾写过一首《石灰吟》："千锤万凿出深山，烈火焚烧若等闲。粉骨碎身浑不怕，要留清白在人间。"他的一生正如他诗中表述的那样，光明磊落，名垂千古。

14世纪初叶，日本进入南北朝分裂时期，封建诸侯割据，互相攻战，争权夺利。战争催生了不少流浪武士，这些武士以及一些商人和浪人到中国沿海地区进行武装走私和抢劫烧杀的海盗活动，历史上将这些人称为"倭寇"。

至嘉靖年间，随着东南沿海一带商品经济的进一步发展，对外贸易相当发达。沿海一带私人经营的海上贸易也十分活跃。一些海商大贾、浙闽大姓为了牟取暴利，勾结日本各岛的倭寇，于沿海劫掠，百姓深受其害。当时朝政腐败，海防松弛。倭寇公然闯入长江骚扰松、沪、常州一带；进而又在山东沿海登州、莱州大肆抢劫。

登州卫指挥佥事戚景通每当谈起倭寇时，总是非常气愤。戚景通的儿子戚继光就问："为什么不把倭寇赶下海去？"戚景通答道："现在这些官员只知道贪污捞钱，一听倭寇来了，连跑都来不及呢，还有谁愿意与倭寇作战呢？"戚继光听后向父亲表达了自己平倭的志向，写下了"封侯非我意，但愿海波平"的诗句。戚景通十分高兴，把平生的武艺全部传授给了戚继光。

后来，戚继光当了浙江都司，驻守台州、金华、严州，防范倭寇。他到任以后，见当地的官员只管吃喝玩乐，不问政事，军营里的士兵也是吊儿郎当，军纪散漫，没有战斗力。他想："光靠这些老爷兵打仗是不行的，必须从当地选一些纯朴的老百姓来，组成新的军队，才能抵抗倭寇。"于是，他亲自到金华、义乌等地招募三千新兵，教以击刺法，将这支队伍训练成纪律严明、能征善战的"戚家军"。他根据东南沿海地区多丘陵沟壑、河渠纵横、道路窄小的环境特点，结合倭寇的作战特点，创造了一种新的战斗队形——"鸳鸯阵"。这种作战阵形长短兵器结合，可随地形和战斗需要而不断变化。"鸳鸯阵"以十二人为一队，最前为队长，次二人一执长牌，一执藤牌。长牌手用长盾牌遮挡倭寇的重箭、长枪，藤牌手还带有标枪、腰刀，长牌手和藤牌手主要负责掩护后队前进，藤牌手除了掩护还可与敌近战。再二人为狼筅手。狼筅是一种特殊的大兵器，即在南方生长的毛竹中选取老而坚实者，将竹端斜削成尖状，又留四周尖锐的枝桠杈。每支狼筅长三米左右，狼筅手利用狼筅前端的利刃刺杀敌人，以掩护盾牌手的推进和后面长枪手的进击。接着是四名手执长枪的长枪手，左右各二人，分别照应前面的盾牌手和狼筅手。紧跟着的是使用短刀的短兵手，如长枪手未刺中敌人，短兵手即持短刀冲上前去劈杀敌人。最后一名为负责伙食的火兵。戚继光就这样日夜不停地亲自训练部队，并和士兵同甘共苦。"戚家军"逐渐成为了一支有很强战斗力的军队。

嘉靖四十年（1561），倭寇侵入浙江桃渚。戚继光得到消息，马上派兵抵挡，把倭寇一直追到台州，一举夺回台州和雁门岭。雁门岭山路崎岖，岭口狭小，是一个险要的地方，戚继光便派兵把守。倭寇探知台州城内兵少，就绕了一个圈子，又来攻打台州。戚继光得知消息，立即调转兵马，在半路上用"鸳鸯阵"挡住倭寇。倭寇难以招架，死伤大半，狼狈逃走。戚继光一连打了九仗，不但九战九捷，而且还亲自杀死了倭寇的首领。

第二年，又有一股倭寇侵入福建，占领了许多县城，到处烧杀抢掠。倭寇声势浩大，当地官军不敢进攻，于是胡宗宪又派戚继光带兵剿灭倭寇。这时，有探马向戚继光报告说："离宁德十里的海边上，有一个小岛叫横屿，这岛在潮涨时四面环水；潮落时便成泥沼，地形险要。倭寇的大本营就在那里。另外，还有很多倭寇驻扎在牛田和兴化县，他们互相策应，经常出来抢劫。"

戚继光便带领六千精兵，日夜急行军，赶到福建宁德驻扎下来。戚继光仔细地观察地形后，想出了一个计策。他命令每个士兵准备一捆草，听候指令。到了晚上，军中锣鼓喧天，戚继光让士兵们把草扔到海里去，人多草多，一会儿工夫，草就把横屿周围的泥沼填满了。士兵们踏着用草铺成的道路，冲了过去，杀声震天。倭寇丝毫没有防备，突然遭到袭击，来不及还手就投降了。此役消灭倭寇二千六百人。戚继光趁胜又打败了牛田的倭寇，并紧追倭寇溃兵向兴化县进军。到兴化时正是半夜，"戚家军"一鼓作气连端六十营，倭寇死伤一千多人。天亮后，戚继光的军队进了兴化城。老百姓们抬着酒，杀牛宰羊犒劳"戚家军"，后来还为戚继光立了块碑。

## 抗倭名将俞大猷

俞大猷，字志辅，又字逊尧，号虚江，晋江人。明代抗倭名将，同时也是军事家、武术家、诗人。俞大猷一生几乎都在与倭寇作战，战功显赫，他率领的"俞家军"甚至能将敌人吓退，与戚继光并称为"俞龙戚虎"。俞大猷虽然战功累累，却经常被弹劾而遭免官，甚至多次被他人冒领军功，但他从不计较，仍旧全力打击倭寇。

明嘉靖年间，东南沿海地区倭寇活动十分猖獗。倭寇与当地不法分子相勾结，严重威胁了人民生命财产安全。嘉靖三十一年（1552），倭寇大肆侵扰浙东沿海。出身贫寒、靠战功擢升为广东都指挥金事的俞大猷奉命从广东带兵到浙东、苏南平倭，被任命为宁(波)台(州)参将。当时，倭寇已破宁波昌国卫、绍兴临山卫，转掠松阳。不到一个月，竟连袭浙东大部分地区，所到之处，烧杀抢掠，无所不为，根本没有把明军放在眼里。

俞大猷到任后，立即派出小分队进行侦察。他发现倭寇的流动性非常大，今天在此地，明天又在彼地，每到一处就下舰登陆，抢掠后乘舰而遁。浙东地区地势复杂，水路又多，自然给明军的追剿带来了很多麻烦。在分析敌情后，作为一个智谋出众的军事将领，俞大猷认为明军的主要战术不应该是尾随追击，那样只能在倭寇背后打转，总也追不上。最好的办法是清理河道上的敌舰，令敌回救，然后以重兵逐之下海，边逐边击，并事先在沿海布下舟师，形成包围之势。有人表示反对，担心一旦切断倭寇的退路，会使倭寇全力袭击内地。俞大猷据理力争。他说："倭寇毕竟是入侵之敌，他们之所以敢来犯我疆土，就是仗着可以随时乘船逃走，一入海就

无法追赶，所以他们从来都只在沿海骚扰。如果他们深入内地，和海上失去联系，就如丧家之犬，必被我大军全剿。因此，只要攻击他们的战舰，他们必定会返回救援，进入我们的陷阱，正应兵法攻其必救，如何不胜？"俞大猷的策略受到了上司的支持。他被授权调集福建沿海的明军舟师，以福建制造的楼船分布在沿海岛屿，伺机率领精锐部队沿河道突袭倭寇战舰。

嘉靖三十二年（1553）三月，俞大猷率闽中楼船突击普陀山的倭寇新巢。当时徽州人王直勾结倭寇进犯镇海关，遭到明朝守军反击，于是退据金塘岛，集聚于沥港。由于金塘岛地势险要，官兵一时难以攻克。

次年三月，浙闽提督王抒缜密地侦察金塘岛地形后，制订了周密的作战计划，遣参将俞大猷从沥港正面进攻，参将汤克宽从西堠门堵住倭寇退路，采用两面夹攻的战术，配合戚继光、邓城等将领，战于宁波、绍兴、松阳诸郡，焚舟数十艘，斩、俘敌千余人。这场战斗也是舟山抗倭历史上首次大捷，影响深远。为此，俞大猷把沥港改称为"平倭港"。当地百姓为了褒扬俞大猷抗倭的功绩，又在沥港建立了"平倭碑"，以供后人瞻仰。在剿灭倭乱的过程中，俞大猷统领的部队被誉为"俞家军"，与戚继光的"戚家军"齐名。

倭寇在苏浙惨败后，便南窜闽粤，嘉靖四十一年（1562）冬，攻陷兴化。福建巡抚游震得奏请朝廷，提俞大猷为福建总兵，隶属闽浙巡抚谭纶指挥，会同剿倭。俞大猷根据敌我双方情况，采用"敌以战为守，我以守为攻"的正确作战策略，"画地凿沟，东西通海，列栅其上"，围困倭寇。俞大猷还招收长期受倭寇蹂躏、与倭寇有血海深仇、勇于效命沙场的闽中南人民为民兵，并利用当地人熟悉地形的特点打击倭寇。俞大猷尊重并配合刘显、戚继光等抗倭将领和地方官吏。他向巡抚谭纶献计说："如今倭寇屡次前来挑战，是因为我方力量不足以围歼他们，他们无论胜败都可逃离；戚继光大军即将赶来，到时我强敌弱，全歼倭贼有望。"谭纶认为俞大猷的分析很有道理。

不久，戚继光带领军队从浙东赶到。戚继光担任中军主攻，俞大猷、刘显分别为左右两军侧攻，悄悄向敌营迫进，会攻倭寇于平海卫。经过五个小时的战斗，倭寇抵挡不住排山倒海般的攻击，抱头鼠窜，纷纷落进俞大猷预设的壕坑之中。这一仗歼灭倭寇两千两百多人，收复平海卫和兴化府城，解救了三千名被虏的百姓。

李如松，字子茂，号仰城，辽东铁岭卫人，明朝名将。他是辽东总兵李成梁的长子，指挥过壬辰抗倭援朝战争，以其抗倭成就名垂千古，之后出任辽东总兵，后在与蒙古部落的交战中阵亡。他死后，朝廷追赠其为少保、宁远伯，谥忠烈。

16世纪末，日本权臣丰臣秀吉以武力统一了日本列岛，执掌了整个日本的军政大权，其野心也随之骤然膨胀，居然异想天开地制定了占领朝鲜、征服中国，进而向南洋扩张的军事侵略计划。万历二十年（1592）四月十三日凌晨，侵朝日军渡过对马海峡在朝鲜釜山登陆，壬辰倭乱爆发。当时统治朝鲜的李氏王朝内部党争不断，互相倾轧，整个朝鲜武备松弛，"人不知兵二百余年"，全国三百多郡县大多数没有城防。丰臣秀吉出动九军共十五万大军攻击朝鲜，挟一统日本之余威，一路攻势凌厉，势如破竹，短短两个月时间，朝鲜三都（京城、开城、平壤）十八道全部陷落，日军一直挺进到鸭绿江南岸。

得意忘形的丰臣秀吉不但要求明朝政府承认日本

以大同江为界占据朝鲜，同时还威逼琉球、菲律宾等大明属国臣服朝贡。消息传来，大明朝野一片哗然，主战派认为必须出兵教训一下日本人；而主和派却认为朝鲜人过于软弱，一触即溃，只会向明朝求援，建议仅让朝鲜国王及随从百余人过鸭绿江避难，而不出兵援朝。明神宗朱翊钧（即万历皇帝）最终接受了主战派的意见，决定出兵朝鲜。万历二十年（1592）七月，第一支抗倭部队出征，统帅为辽东副总兵祖承训。这支部队是辽东铁骑中的一支，祖承训也是名将李成梁的嫡系，战斗力较强。可是，这支部队只有三千人。在进攻平壤的过程中，祖承训中伏，副将史儒战死，部队损伤惨重。祖承训侥幸死里逃生。十二月，明朝政府任命刚刚结束宁夏战斗的李如松为东征提督，统蓟、辽、冀、川、浙诸军，克期东征。他的弟弟李如梅、李如柏任副总兵职，同军前往。十二月二十五日，明军在李如松的带领下誓师东渡，这就是"万历三大征"中的第二征。

万历二十一年（1593）正月七日，明朝东征大军兵临平壤城下。盘踞平壤的是日将小西行长指挥的侵朝日军第一军团。次日拂晓，明军发起总攻，上百门百出佛郎机（一种火炮）猛轰平壤城头，火焰蔽空，震天动地，经过连续十轮炮击，守城日军被炸得人仰马翻，连小西行长的将旗都被炸飞。随后明军炮火开始轰击平壤城内各要点。第一轮炮火之后，明军各攻城部队呐喊着踏过结成坚冰的护城河扑向城下，枪林弹雨中数百架攻城梯架上城头，一时间明军士卒争相攀登，平壤各门顿时陷入了激烈交战。平壤日军虽伤亡惨重，但在小西行长的亲自督阵下仍然拼死抵抗，依托高大坚固的城池用弓箭、火枪不断射击，同时把煤油浇下焚烧云梯，明军攻城部队伤亡迅速扩大，战场形势进入白热化状态。临近午时，明军经过激烈的战斗攻克城北制高点牡丹峰，全歼日军两千余名，平壤城内日军乱作一团。明军将士无不以一当十，奋勇向前，明军火铳营和虎蹲炮（发射霰弹的中型火炮）也推进到城下实施抵近射击。李如松在前线督战时，坐骑被日军火枪击中，当即换马再战，毫无惧色，指挥若定。作为全军主帅，李如松的镇定、果敢、勇猛给了明军将士巨大的精神鼓舞，是明军取得这场胜利的一个重要因素。

正午时分，一万名化装成朝鲜军的"戚家军"及辽东铁骑利用日军麻痹轻敌这一点攻上城南的芦门，砍倒了日军军旗，插上了明军的旗帜。明军不断攀上城头，欢呼声响彻云天。一门失守，六门皆惊，城头守军的意志瞬间崩溃了，纷纷弃城而逃。随后七星门也被明军大炮轰塌，明军骑兵如潮水般突入城内……在普通门督战的小西行长目睹此景，心知大势已去，他长叹一声，下令残军退入城内的各土堡中死守，作最后的困兽之斗。

城内，残酷的战斗仍在继续。日军残余主力约九千人龟缩在练光亭、七星、普通三座大土堡及周围的十几座小土堡里负隅顽抗。由于道路狭窄崎岖，明军的大炮推不上去，日军火力很猛，进攻部队伤亡很大。李如松果断地对诸将说："这样损失太大了！我们先停止攻击，接下来从三面包围敌军，唯独留出南面的大道，诱使日军突围。"同时派出信使给小西行长送信，大意是日军败局已定，为避免双方不必要的伤亡，只要日军撤出平壤，明军将不予拦截。

小西行长接到李如松的信后犹豫不决，但是战场形势使他别无选择，拼死突围或许还有一条生路。天黑以后，日军派出斥候警戒，见无明军拦截，各土堡内大队人马蜂拥而出，借夜色掩护向城南冲去。日军一路畅通无阻地冲出城外，城南不远就是大同江。时值隆冬，十里宽的江面全部冰封，日军先头骑兵部队迅速通过，日军大队人马喜出望外，争先恐后过江，一时间江面上挤满了日军。就在这时，早已隐蔽待命的明军火炮突然开火，雨点般的炮弹落入过江的人群里，江面的冰层被明军重炮炸开无数条口子，日军顿时乱作一团，成群地掉进冰冷刺骨的江水中，连呼救都来不及就被顺流冲到了冰面下……侥幸逃上南岸的日军惊魂未定，又迎面撞上了埋伏在此的明军骑兵部队。惊骇万分的小西行长丢下大队人马，仅率轻骑部队一路狂奔，沿途被明军、朝鲜军、朝鲜义军连番追杀，最后在开城日军的接应下才撤回黄海道。

平壤战役的胜利彻底打掉了侵朝日军的嚣张气焰，丰臣秀吉妄图以朝鲜为跳板攻占大明继而建立其所谓"大东亚帝国"的迷梦，被明军的铁蹄和大炮撞击得粉碎！李如松率军入朝参战仅仅一个多月，便收复失地五百余里，朝鲜三都十八道中，已收复平壤、开城二都及黄海、平安、京畿、江源、咸境等五道。大军继续向南，兵锋直指王京汉城。不过，此时日军的主力犹在，损失的部分兵力被迅速补充。一个月后，明军的一支侦查部队在碧蹄馆遭遇日军（约三万六千人）。日军全力猛攻，想要一口吃掉这支三千人的部队。双方的兵力完全不成正比。不过，被包围的明军是百战之师辽东铁骑，配备了三眼神铳。三眼神铳全长约一百二十厘米，共有三个枪管，枪头突出，全枪由纯铁打造，射击时可以轮流发射，是辽东铁骑的标准装备。发起冲锋时，辽东铁骑即冲入战阵，于战马上发动齐射。三千铁骑摆开阵形，沉着应战，终于在黎明时分等到了李如松的援军。不过，因明军分散各处收复失地，李如松只带了两千骑兵前来救援。他故意早早放炮，使日军产生明军主力赶到的错觉。日军仓皇撤退。

日军在侵略朝鲜的过程中，把抢来的大量粮食囤积在龙山大仓中。李如松得知这个情报后，派李如梅率敢死队深夜奇袭龙山大仓。一夜之间，龙山十三座粮仓中数十万石粮食被焚毁。消息传开，日军军心大乱。军粮一失，朝鲜半岛的日军陷入前所未有的困境。不久，便被迫与明朝、朝鲜达成停战协议。四月十八日，日军撤出京城。五月二日，日军大部分退到了釜山一带，交还了俘虏的朝鲜二王子。李如松于四月十九日率东征军进入京城，五月十五日收复庆州。明军留下一万人帮助守城，其余全部撤回。

李如松的东征军在短短四个月的时间内横扫朝鲜半岛，收复三都，打出了大明铁骑的赫赫威名。因抗倭有功，李如松被封为太子太保。

## 袁崇焕大战宁远

天启二年（1622），袁崇焕到京城觐见明熹宗朱由校，被破格提拔为兵部职方主事。不久之后，广宁被后金军攻陷，朝廷商议派人镇守山海关。袁崇焕得知后，一个人前往关外考查地形。回朝之后，袁崇焕上言称："只要给我足够的兵马钱粮，我一个人就可以镇守山海关。"朝中大臣也夸赞袁崇焕的才能，于是明熹宗破格提拔他为兵备佥事，督关外军，拨给他二十万饷银，让他招兵买马。

袁崇焕在关外经过一番实地考察，决心派兵进驻宁远，在那里修筑防御工事，他把自己的主张报告朝廷后，立刻得到了当时主持辽东防务的孙承宗的支持。

天启三年（1623）九月，孙承宗决定镇守宁远，佥事万有孚、刘诏极力劝阻，但孙承宗执意前往，并命满桂与袁崇焕同行。袁崇焕到任后，发现祖大寿奉孙承宗命修筑的城墙不合规格，于是他制定规格重新修筑，并命祖大寿与参将高见、贺谦督工。不久，宁远城修筑竣工。在满桂与袁崇焕的努力下，宁远成为关外重镇，将士们乐于在此效命，商旅百姓以及流民将其视为乐土。

同年九月，袁崇焕偕同大将马世龙、王世钦率水陆马步军一万二千人巡视广宁，拜谒北镇祠，经过十三山，抵达右屯，在三岔河乘船而回。袁崇焕晋升为兵备副使、右参政。

天启五年（1625），孙承宗与袁崇焕定下计策，派遣将领占据锦州、松山、杏山、右屯及大、小凌河等地，并修缮城防，长期驻守，开疆复土两百里，宁远就此成为内地。正当孙承宗、袁崇焕经营辽东大有进展的时候，他们遭到了权宦魏忠贤的猜忌。魏忠贤唆使阉党对皇帝说了孙承宗不少坏话，孙承宗被迫离职。魏忠贤派其同党高第指挥辽东军事。高第是个庸碌无能的家伙，他认为关外一定守不住，一到山海关，就召集将领开会，说后金军太厉害，关外没法防守，要各路明军全部撤进山海关内。督屯通判金启倧对袁崇焕说："锦州、右屯、大凌三城都是前锋要地，如果撤兵，已经在那里安居的百姓将再次被迁徙，收回的疆土也将再次沦陷，关内外经得住几次退守？"袁崇焕也极力劝阻高第："兵法上说'有进无退'，收回的疆土怎么能轻易放弃？锦州、右屯动摇，宁远便会受到震动，关门也会失去保障。这些地方只需要派遣良将守卫，必无他虑。我们好不容易在关外站稳脚跟，哪能轻易放弃！"高第坚持撤军，并要袁崇焕放弃宁远。袁崇焕气愤地说："我的职责是守卫宁远，要死也死在那里，决不后撤。"

高第说不服袁崇焕，只好答应袁崇焕带领一部分明军留在宁远，却命令关外其他地区的明军限期撤退到关内。这道命令下得十分突然，各地守军毫无准备，匆匆忙忙地退兵，把储存在关外的十几万担军粮丢得精光。

天启六年（1626）正月，努尔哈赤得知孙承宗被罢免，于是率领大军西渡辽河。二十三日，后金军抵达宁远。高第和总兵杨麟拥重兵于山海关，不去救援宁远。袁崇焕得知后，随即写下血书，与大将满桂，副将左辅、朱梅，参将祖大寿，守备何可纲等将士盟誓，以死守城。袁崇焕一面坚壁清野，一面让同知程维模盘查奸细、通判金启倧守护粮草，并传檄给前屯守将赵率教、山海守将杨麒，如果有将士当了逃兵，可将其就地斩杀。

努尔哈赤将抓到的明朝百姓放回宁远，让他们劝袁崇焕投降，但遭到袁崇焕的拒绝。于是努尔哈赤举大军进攻宁远城，并让士兵举着盾牌攻凿城墙。袁崇焕下令动用早就准备好的大炮，向后金军发射。炮声响处，后金兵士溃不成军。

第二天，努尔哈赤亲自督战，集中大股兵力攻城。袁崇焕登上城楼瞭望台，沉着地监视后金军的动向。直等到后金军冲到逼近城墙的地方，他才命令炮手瞄准敌人发炮。这一炮使后金军出现更大伤亡。正在后面督战的努尔哈赤也受了重伤，不得不下令撤退。袁崇焕乘胜杀出城去，一直追赶了三十里，才得胜回城。

宁远保卫战胜利后，明廷举朝欢喜，升袁崇焕为右佥都御史。

　　卢象昇是江南宜兴人。他少有大志，读书勤奋。当时明王朝朝政已腐败不堪，民怨沸腾，后金兵正伺机入侵。他在读经书的同时，也学习兵书、习练武术。虽然长得文秀，但卢象昇臂力很强，能骑马射箭，又懂兵法。他爱惜部下，打仗时总是身先士卒，冲锋陷阵，所以很受部下的尊敬和爱戴。

　　卢象昇二十七岁时任大名知府。当时，许多地方官为了向魏忠贤献媚，纷纷为其建造生祠。大名府也有官员倡议筹建，请卢象昇参与，遭到他的拒绝。他在大名府平抑了多起冤狱，严惩了恶霸、贪官，吏治为之一新。

　　崇祯二年（1629），后金兵犯境，京师告急。卢象昇起兵勤王，后金兵退走。卢象昇为防后金军再次来犯，对大名兵备加以整饬，严明军纪，加强练兵，于是军容大振，人称"天雄军"。

　　崇祯九年（1636），清军经宣府、大同又一次入侵。朝廷任命卢象昇总督宣府、大同、山西军务。卢象昇一到宣府，就组织士兵屯田种粮，当年就收获了不少军粮。崇祯帝很高兴，号召各边镇统帅以他为榜样。

崇祯十一年（1638），清兵不断进犯，农民起义四起，明王朝已处在风雨飘摇之中。朝中以首辅杨嗣昌为首的一些大臣，力主先安内而后攘外，欲与清军议和，加紧对农民军的镇压。崇祯帝召卢象昇商量，卢象昇坚决主战，他认为："能战方能言守，如不能战，处处言守，则愈守愈受制于敌。今日必须以战为主，守为辅，方能制敌而不受制于敌。"崇祯要他与杨嗣昌及监军高起潜商量。杨嗣昌、高起潜是主张与清军议和的。在朝议中，卢象昇慷慨陈词，他认为"敌骑纵横，长驱直入，大明江山，朝不保夕"，如果不"一战以挽危局"，将"重蹈南宋覆辙"。

当年九月，清军在亲王多尔衮的率领下，再次逼近北京。崇祯帝急忙调各镇军队到北京护驾。他一连三次赐给卢象昇尚方宝剑，要他进京督率各路援军。时值卢象昇家有丧事，他一身孝服，麻衣草鞋，在宣府誓师后便赶往京城。

清军多次进犯，对于朝廷内形成的主战与主和两种意见，崇祯皇帝始终犹豫不定。他一面征调援军，一面又让兵部尚书杨嗣昌、宦官高起潜秘密与清军谈判。卢象昇对杨嗣昌在大敌压境之下去讲和的行为很反感，他感慨地说："国家生我养我，我要用死来报答国家，宁愿头断血流，也不议和。"

卢象昇一到北京，崇祯皇帝就迫不及待地召见了他，问他抵抗清军的办法。他直率地说："臣主战。"崇祯帝一听，脸色就变了。过了一会，崇祯才说："议和是杨嗣昌他们的意见，朝廷没有这个打算。"崇祯帝接连几次拨出黄金、马匹，送给卢象昇慰劳军队。卢象昇受到很大鼓舞，认为皇帝主战态度是坚决的。他找到杨嗣昌，责备说："您读过圣人的《春秋》，那上面不是认为订立城下之盟是可耻的事吗？您天天谋划讲和，不怕国人说您闲话吗？"杨嗣昌面红耳赤，恼羞成怒地说："您想用手中的尚方剑斩我吧？"

可是，崇祯帝仍然重用杨嗣昌，卢象昇所作的军事上的准备，大多遭到杨嗣昌明里暗里的阻挠。他利用兵部尚书的职权，只让卢象昇指挥宣府镇的军队，其他援军都让宦官监军高起潜管辖。卢象昇名义上监督天下援兵，实际管辖的兵力不足两万，能亲自指挥的，只有五千人，而且粮饷不足。南下的清兵来势凶猛，卢象昇只好带着五千人前去抵挡。

卢象昇的队伍驻在野外，饭都吃不上，同情他的老百姓来慰劳军队，对卢象昇说："将军怀着忠义之心，不顾生命安危，带着饥寒交迫的士兵，去抵抗如虎如狼的清军，而朝中奸臣还在算计将军，让人感到痛心。将军不如先吃顿饱饭，再征集十万义兵，同心杀敌，不比您孤军奋战强百倍？"

卢象昇流着泪，感谢乡亲们的关怀，他说："虽然我只有五千兵力，但大敌当前，朝廷里还有人监视我的行动，来不及征集义军了。我只有拼死杀敌，以死报国，不必再连累父老乡亲了。"百姓们将被清军多次抢劫后剩余的杂粮，都送给了军队。还有人抱来一升枣子，说："给将军煮口热饭吧。"将士们感动得热泪盈眶，怀着必死的决心，跟着卢象昇奔赴杀敌的战场。

明军到了巨鹿贾庄，探听到清军就在前面。高起潜大军驻在离贾庄不到五十里的鸡泽，卢象昇派人催他尽快发兵增援，他却按兵不动。卢象昇只好继续前进，在清水桥遭遇清军主力。

卢象昇将队伍分为左、右、中三军迎战，清军几万骑兵将卢象昇围了三层。明军将士人人奋勇，个个争先，舍命拼杀，喊声震天。杀到下午，明军的弹药与弓箭都射光了，就用刀剑砍杀，前面的倒下，后面的冲上去。卢象昇左砍右劈，连杀几十个清兵，身中四箭三刀，终于倒下，牺牲时年仅三十九岁。最终，只有一部分明军突围而出，高起潜则卷起旗帜，早早地溜掉了。清军遇到这样激烈的抵抗，担心深入后麻烦更多，也担心宁远的明兵乘虚攻击他们老家，便匆匆地抢掠了许多财物，又退回关外去了。

战后，卢象昇麾下的兵部职方主事杨廷麟及其部下在战场上寻找到卢象昇遗体，他的盔甲下还穿着麻衣丧服。父老乡亲听到卢象昇壮烈殉国的消息，痛哭失声，声震天地。卢象昇死后，杨嗣昌派了三个手下去查看。其中一人叫俞振龙，他告诉杨嗣昌卢象昇真的死了。杨嗣昌希望手下人说卢象昇没死，他就可以把怯懦畏战之类的罪名加到卢象昇的头上了。但俞振龙非常硬气，杨嗣昌把他鞭打了三天三夜，他仍然瞪着眼睛说："天道神明，无枉忠臣。"杨嗣昌向崇祯帝隐瞒了卢象昇殉国的真相，直到他死后，朝廷才对卢象昇家人加以抚恤。

史可法血战扬州

清军击败李自成大顺军，占领陕西以后，摄政王多尔衮率主力南下。南京的大臣们拥立福王朱由崧做了皇帝，在南京建立了一个政权，历史上把它叫做南明，朱由崧被称为弘光帝。

为了摧毁南明政权，清军三路齐头并进，其中中路多铎部由陕西出潼关，经洛阳东进至商丘，然后向南直趋泗州、扬州，进攻南京。当时，长江北岸有四支明军，叫做"四镇"。"四镇"的将领拥兵自重，称雄一方，互相争权夺利，纵容士兵伤害百姓。史可法在南方将士中威信很高，他到了扬州，亲自去找那些将领，劝他们以国家大义为重。接着，又把他们分派到扬州周围驻守，自己则坐镇扬州。史可法做了督师，以身作则，跟兵士同甘共苦，受到将士们的爱戴。

顺治二年（1645）四月，清军攻到了离扬州城只有三十里的地方。多尔衮想借助史可法的声望平定江南，一再写信劝他降清，史可法断然拒绝。他马上派人四处调兵，可是各镇将领都拥兵观望，拒不听命，只有总兵刘肇基率领两千人来到扬州救援。史可法见兵力太弱，无法迎击清军，就命令刘肇基让部队开入城内，紧闭城门，准备守城。

史可法身披铠甲，手持宝剑，亲自和刘肇基在城墙上指挥。百姓也都被组织了起来，青壮年男子登城站岗，老年人和妇女烧水煮饭，扬州城的军民决心与敌人血战一场。

清军统帅多铎很敬佩史可法的为人，好几次写信劝他投降，史可法连信封也不打开，直接扔到了一边。多铎见劝降没用，就下令用大炮猛轰扬州城，城内军民伤亡很大。

总兵刘肇基向史可法献策说："城内地高，城外地低，我们可以决开淮河，将水引入清军大营，不怕敌人不退。"史可法觉得这个办法虽然可能逼退敌军，但是也会伤害老百姓，就说："以水代兵，只是暂时遏制清军的进攻，但淮南一带的百姓可就遭殃了，我怎么忍心呢？"清军对扬州的包围越来越紧，城内兵少，粮草也不多，史可法一再派人请求加派援兵。但弘光帝和马士英、阮大铖一伙置史可法的请援于不顾，依然过着荒淫无度的生活。

清军加紧了攻势，多铎亲自督战，城中军民顽强抵抗。相持了两昼夜，史可法发现安置在城外的两支明军已在将领李西凤、高歧凤的带领下投降清军。守城将士无不义愤填膺，誓死与史督师守城到底。多铎攻城数日，均被打退。

有一天晚上，史可法感到精神疲惫，便让手下拿些酒来解困，并叫来厨子要点下酒菜。厨子回报说："遵照您的命令，今天厨房里的肉都分给将士去过节了，下酒的菜一点也没有了。"史可法说："那就拿点盐和酱来下酒吧。"厨子送上了酒，史可法就靠着几案喝起酒来。史可法的酒量本来很大，但来到扬州督师后就戒酒了。这一天为了提提精神，才破例喝了点。一拿起酒杯，他想到国难当头，又想到朝廷的腐败，心里愁闷，边喝酒边掉眼泪，不知不觉多喝了几盅，带着几分醉意伏在几案上睡着了。

第二天清早，扬州文武官员依照惯例到督师衙门议事，却见大门还紧紧关着。大家不禁奇怪，因为督师平常都是起得极早的。后来，有个士兵出来，告诉大家说："督师昨晚喝了酒，还没醒来。"扬州知府任民育说："督师平日操劳过度，昨夜睡得这么好，真是难得的事。大家别去惊动他，让他再好好休息一会吧。"他还把打更的人找来，要他重复打四更的鼓。史可法一觉醒来，天已经大亮，侧耳一听，打更人还在打四更，不禁勃然大怒，把士兵叫了进来，问："是谁在那里乱打更鼓，违反我的军令？"士兵把任民育吩咐的话说了，史可法才没再追究，他赶忙接见官员，处理公事。打那天起，史可法下决心不再喝酒了。

清军连续用大炮攻城，守城将士伤亡惨重，城内粮草已用尽，又孤立无援。史可法知道事情不会有转机了，就下决心与扬州城共存亡。他写信给母亲和妻子，表示自己要以身殉国，又叮嘱部将史德威说："我死之后，请把我埋在太祖皇帝墓侧。如果实在不行，就把我埋在扬州城外梅花岭吧！"

到了第七天，只听"轰"的一声，扬州城西北角的城墙被炮火轰塌了。清军从城墙缺口冲进城里。将士们跟清军短兵相接，在街巷里展开了肉搏战。他们坚持到最后，全部壮烈牺牲，没有一个人投降，刘肇基也在巷战中殉国。史可法眼看城已经守不住了，拔出宝剑要自杀。随从的将领们抢上前去抱住史可法，把他手里的宝剑夺了下来。史可法还不愿走，部将们连拉带劝地保护着他出了小东门。这时候，有一队清兵追过来，看见史可法身上穿着明朝官员的装束，就问他是谁。史可法怕连累别人，就高声说："我就是史督师，你们快杀我吧！"史可法就这样被清军捉住了。

清兵捉到史可法，不敢怠慢，马上把他拥上城楼，去见多铎。多铎一见是史可法，就快步上前行礼，很客气地说："将军请受我三拜。今天将军对旧朝忠义已尽，就请为我大清收拾江南，不愁没有厚报。"史可法声色俱厉地说："我是大明朝的重臣，怎么能苟且偷生，做历史的罪人！头可断！身不可屈！"多铎把脸一沉，说："既是忠臣，那我就满足你的心愿吧！"史可法微微一笑，说："即使碎尸万段，我也甘心情愿。只有一件事相求，扬州城的百姓是无辜的，请千万不要杀害他们。"说罢，他昂首下城，从容就义。

　　多铎没有听史可法的话，他对城中百姓进行了疯狂的屠杀，十天之内就杀死了八十万人。扬州城内尸积如山，血流成河，昔日繁华的扬州城几乎变成一座死城。这就是历史上有名的"扬州十日"。

抗清义士黄道周

　　黄道周是明末学者，同时也是抗清义士，其本人的文学成就很高，是当时著名的书画家、文学家和儒学大师。

　　崇祯帝在位期间，原大学士钱龙锡受到了株连，依照律令当处以死刑。当时朝中大臣慑于崇祯帝的威势，没有人敢出来说一句话，只有黄道周上书直谏，为钱龙锡辩冤。黄道周在疏中不仅直指崇祯的过失，并说："今天杀了钱龙锡，是国家的损失。"崇祯帝大怒，后来将其连降三级调用。可也正是因为他的仗义执言和据理力争，钱龙锡最终幸免一死。

　　崇祯五年（1632），黄道周因病请求归休。离京之前，他上书直谏，让崇祯帝"退小人，任贤士"，并举荐了一批有才有志之士。然而他的这一做法却给他带来了罪名，最后被判削籍为民。直到崇祯九年（1636），黄道周才被皇帝重新启用。

　　李自成攻破北京，崇祯皇帝在煤山自缢，明朝灭亡。黄道周任南明弘光朝吏部侍郎、礼部尚书。弘光亡后，黄道周回到福建，隆武帝封他为武英殿大学士兼吏、兵二部尚书。他虽然被封为兵部尚书，但兵权却落入郑芝龙手中。时清廷颁布剃发令，江南人民求救于南明隆武朝廷，郑芝龙却养兵自重，不发一兵一卒。黄道周只得返乡筹兵筹粮。

隆武元年（1645）九月十九日，黄道周招募了数千人，带着十余匹马和一个月的粮草，出仙霞关抗击清兵。夫人蔡氏叹道："道周死得其所了。"十月初黄道周抵达广信，又募得三个月兵粮，分兵三路，向清军发起进攻。但不久，全军大败，黄道周被徽州守将张天禄俘获，送至南京狱中。清廷派洪承畴劝降，黄道周写下一副对联："史笔流芳，虽未成功终可法；洪恩浩荡，不能报国反成仇。"将史可法与洪承畴对比。洪承畴又羞又愧，上疏请求免道周死刑，清廷不准。后来黄道周绝食十二日，期间其妻蔡氏来信："忠臣有国无家，不要挂念家里。"

隆武二年（1646）三月五日，黄道周就义，临刑前，他盥洗更衣，取得纸墨，画了一幅长松怪石赠人，并给家人留下了遗言："为仁义虽死犹生，为国为民忠贞不渝。"就义之日，他的老仆痛哭不已，黄道周安慰他说："我为正义而死，这是最好的归宿，你为什么这样悲伤呢？"于是从容就刑。死后，人们在他的衣服里发现了"大明孤臣黄道周"七个大字。其门人蔡春溶、赖继谨、赵士超和毛玉洁同日被杀，人称"黄门四君子"。

雅克萨位于黑龙江省漠河县以东黑龙江北岸。历代朝廷都在这里设有行政机构。清朝建立之后，继续对这一地区行使管辖权，加强统治。除设盛京将军、宁古塔将军和黑龙江将军外，还把当地居民编为八旗。与此同时，还在沿江重要地区建立船厂，设置仓屯，开辟台站驿道，发展水陆交通运输，进一步加强了边境地区与内地的政治、经济和文化联系。

17世纪上半叶，沙俄由于国力迅速增强，急剧向外扩张。自明崇祯十六年（1643）起，沙俄远征军曾多次入侵黑龙江流域，烧杀抢劫，无恶不作。

顺治末年至康熙初年，沙俄正处在彼得大帝时期。趁着清廷忙于平定三藩之乱，沙俄侵占了中国领土尼布楚和雅克萨等地，并在那里构筑寨堡，设置工事。他们还以此为据点，不断对黑龙江中下游地区进行骚扰和掠夺。

对沙俄军的侵略行径，康熙帝多次遣使进行交涉、警告，均未奏效。这使康熙帝认识到，只有使用武力，才能驱逐沙俄侵略军。为此，他于平定三藩之乱的第二年（1682年）即赴关东东巡，了解黑龙江流域的情况。

康熙二十二年（1683）九月，清政府勒令盘踞在雅克萨等地的沙俄侵略军撤离清领土。侵略军不予理睬，反而率兵窜至瑷珲劫掠，清将萨布素将其击败，并将侵略军建立在黑龙江下游的据点尽数焚毁，使雅克萨成为孤城，但侵略军负隅顽抗。

康熙二十四年（1685）正月二十三日，为了彻底消除沙俄侵略之患，康熙帝命都统彭春赴瑷珲，负责收复雅克萨。

四月，清军约三千人在彭春统率下从瑷珲出发，分水陆两路向雅克萨开进。清军虽拥有叫作"兵丁鸟枪"的火器，其性能大体和俄军的火绳枪相当，但数量不超过一百支，主要武器还是大刀、长矛、弓箭等冷兵器。五月二十二日，清军抵达雅克萨城下，当即向侵略军头目托尔布津发出通牒。托尔布津仗着雅克萨城池坚固，手下有士兵四百五十人、炮三门、火绳枪三百支，拒不从命。清军于五月二十三日分水陆两路列营攻击。陆师布于城南，集战船于城东南，列炮于城北。二十五日黎明，二十门威力巨大的"红衣大炮"一举炸毁了雅克萨的木制城墙和塔楼，炸死俄军一百余人。清军猛烈的炮火几乎令俄军无力还击。托尔布津遣使乞降，要求在保留武装的条件下撤离雅克萨。经彭春同意后，俄军撤至尼布楚。清军赶走侵略者后，平毁雅克萨城，即行回师，留部分兵力驻守瑷珲，另派兵在瑷珲、墨尔根屯田，加强黑龙江一带防务。

沙俄侵略军被迫撤离雅克萨后，贼心不死，继续拼凑兵力，图谋再犯。康熙二十四年（1685）秋，莫斯科派兵六百增援尼布楚。得知清军撤走后，托尔布津率沙俄侵略军再次窜到雅克萨。俄军这一背信弃义的行为引起清政府的极大愤慨。次年初，康熙接到奏报，即下令反击。七月二十四日，清军两千多人进抵雅克萨城下，将城包围起来，勒令沙俄

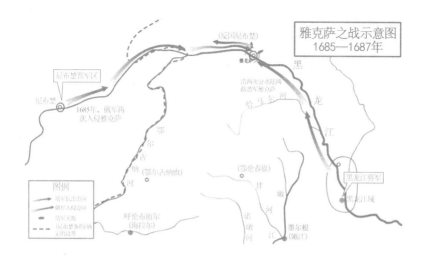

雅克萨之战示意图
1685—1687年

侵略军投降。托尔布津不理。八月，清军开始攻城，托尔布津中弹身亡，改由杯敦代行指挥，继续顽抗。八月二十五日，清军考虑到沙俄侵略者死守雅克萨，必待援兵，于是在雅克萨城的南、北、东三面挖掘壕沟，在城西河上派战舰巡逻，切断守敌外援。侵略军被困城中，战死病死者很多，八百二十六名侵略军，最后只剩下六十六人，雅克萨城旦夕可下。俄国摄政王索菲亚急忙向清政府请求撤围，并遣使议定边界。清政府答应了他们的请求，准许侵略军残部撤往尼布楚。雅克萨反击战结束后，双方于康熙二十八年（1689）七月二十四日缔结了《尼布楚条约》，规定以外兴安岭至格尔必齐河和额尔古纳河为中俄两国边界，黑龙江以北、外兴安岭以南和乌苏里江以东地区均为清朝领土。

条约签定以后，东北地区迎来了一段相对和平安定的岁月，一直维持到第二次鸦片战争时期，大约有一百七十年。

## 雪海风清萨布素

萨布素，满洲镶黄旗富察氏人。他的四世祖充顺巴本以勇力闻名，世代为岳克通鄂城长。充顺巴本有一名叫哈木都的后代在清太祖时率部归附，被派往吉林屯驻，于是就在那里定居下来。萨布素最初担任宁古塔将军笔帖式（管理文书档案的官员）。圣祖康熙曾派遣武默讷等人前往长白山瞻仰礼拜。武默讷等人到达吉林后，想找一个熟悉地形的人做向导，宁古塔将军巴海让萨布素带领二百士兵并携带三个月的口粮跟随武默讷等人，行礼完毕后返回，萨布素被授予宁古塔副都统一职。

康熙二十一年（1682），俄罗斯帝国侵占额尔古纳河地区，占据了雅克萨城，皇帝命令萨布素与郎坦共同率兵侦察雅克萨及附近地区情况。并下令在黑龙江及呼玛尔两地建造木城，急命巴海与萨布素统领宁古塔一千五百名士兵前往驻守，建造船只，储备炮弹。萨布素向朝廷上疏："（黑龙江及呼玛尔）两城距离雅克萨还很远，如果将军队驻守在这两处，那么势必会面对重重困难。倘若罗刹（即俄罗斯）从水陆两地运粮，进行增兵救援的话，就更加难以施计了。我们应该趁着他们尚未准备好的时候，迅速进行征剿，等到战船建好后就直接进军雅克萨。"康熙帝将奏疏给王公大臣传阅，大家都表示同意，但康熙没有批准。不久，俄罗斯弃城离去，康熙敕令巴海回吉林防守，萨布素和宁古塔副都统瓦礼祜被派往额苏哩驻守。

额苏哩城在黑龙江及呼玛尔两城之间，为进攻雅克萨城的战略要地。那里有些荒芜废弃的田地，于是萨布素调动达斡尔部五百个防兵前往额苏哩耕种，又向朝廷申请以宁古塔的军队轮更驻守。康熙考虑士兵轮更驻守过于辛苦，于是下令在卜奎（齐齐哈尔）建城，并任命萨布素为黑龙江将军。萨布素赴任之后，招纳安抚投降的俄罗斯人，给予他们官职，再让这些人去招抚其他俄罗斯人。

康熙二十四年（1685）四月，彭春、萨布素率领清军，携战舰、火炮和刀矛、盾牌等兵器，从瑷珲出发，分水陆两路向雅克萨开进。经过近两年的征战，清军大败沙俄侵略者。俄国摄政王索菲亚被迫派使者来议定中俄边界。

不久，商定以大兴安岭及格尔必齐河为界限，俄罗斯依约拆毁雅克萨城并迁走当地俄罗斯居民。

康熙三十五年（1696），康熙皇帝亲征噶尔丹，令大将军费扬古从归化城出发，镇守西边，让萨布素率领盛京、宁古塔、科尔沁几处兵力，扼守东边，康熙帝亲自带兵驻守在克鲁伦河。噶尔丹往西逃窜，被费扬古击败，康熙下诏分出萨布素统领的五百名士兵归属于费扬古军下。第二年，康熙帝召萨布素到京城，不久又命令他回到卜奎任职。萨布素上奏请求在墨尔根建立学堂，设立教员，这成为了黑龙江建学的开端。

萨布素在康熙三十九年（1700）去世。乾隆年间，乾隆帝下令修撰《盛京通志》，将萨布素列为名臣，并称赞他明晓事理，历练老成，聪明机敏，深得军民之心。

土尔扈特是蒙古族中一个古老的部落。

17世纪30年代，土尔扈特部落的首领和鄂尔勒克因与准噶尔部首领巴图尔浑台吉关系不好，就率领整个部落和其他部落的部分牧民，带着帐篷和牛羊向西迁移，进入人烟稀少的伏尔加河下游的草原放牧。但是，那里属于沙皇俄国的势力范围。沙皇经常派军队来骚扰，强迫他们宣誓效忠沙皇俄国。土尔扈特人不肯宣誓效忠，经常与沙俄发生冲突。因此，他们非常怀念故国，多次派使者向清朝政府上表，进献土特产品，诉说苦难，表示他们的思念和忠心。

土尔扈特人不断反抗着沙皇俄国的侵略与奴役。18世纪60年代，渥巴锡继承了汗位，这是一个血气方刚的人。

当时，沙皇俄国正与土耳其打仗，急需兵员，于是强令土尔扈特十六岁以上的男子都要到俄国军队去当兵。这一方面使俄军获得了大量士兵，另一方面也削弱了土尔扈特的力量，可以说一箭双雕。一些老人叹息道："土尔扈特的末日来临了。"这时，沙俄又强迫渥巴锡交出他的儿子与三百个贵族子弟，作为人质。愤怒的渥巴锡率领全体牧民，喊出："我们永远不做奴隶，我们要去太阳升起的地方！"

乾隆三十六年（1771）的一天，渥巴锡召集部落全体战士，宣布要脱离沙皇俄国的统治。第二天，土尔扈特部落反对沙皇的起义爆发了。他们杀死沙俄官员，收拾起自己的帐篷、财物，带着妇女、老人、儿童，分成三路，向着太阳升起的东方进发。

沙皇俄国女皇叶卡捷琳娜二世得知土尔扈特部发生暴动，要离开俄罗斯国境，大发雷霆，立即派出大批哥萨克骑兵，去追赶东归的土尔扈特人。同时采取措施，把留在伏尔加河左岸的一万余户土尔扈特人严格监控起来，企图让土尔扈特牧民永远留在沙皇俄国受奴役。

土尔扈特人的队伍很快穿过了伏尔加河和乌拉尔河之间的草原。但走在外侧的一支土尔扈特队伍被哥萨克骑兵追上了，九千名战士和牧民壮烈牺牲。奥琴峡谷是东归队伍必经的一个险要山口，一支庞大的哥萨克骑兵抢先占据了这里。面对强敌，渥巴锡镇定指挥，他组织五队骆驼兵从正面发起进攻，后面则派枪队包抄，几乎将哥萨克军队全歼，为牺牲的九千名同胞报了仇。

一路上除了残酷的战斗，土尔扈特人还不断遭到严寒和瘟疫的袭击。由于战斗、疾病、饥饿，东归队伍大量减员。在最困难的时刻，渥巴锡及时召开会议，鼓舞士气，他说："我们宁死也不能回头！"土尔扈特人东归的消息，事前清政府一点也不知道。所以，土尔扈特人既无法和清政府沟通，更不可能得到清政府的任何援助。英勇的土尔扈特人只能再次抖擞精神，向着既定的目标一步步走去。

土尔扈特人在渥巴锡的率领下，历时半年，行程万里，终于冲破沙皇军队的阻击，克服恶劣气候带来的困难，成功回到了伊犁。然

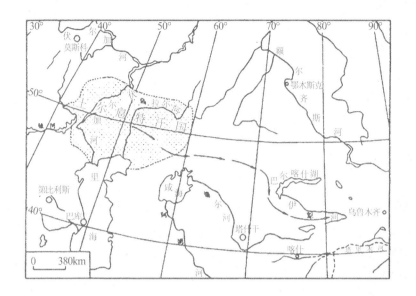

而，他们也付出了沉痛的代价，出发时的十七万部落民众，安全回到伊犁的只有七万人。幸存的人个个形容憔悴，衣衫褴褛，孩子们更是面黄肌瘦，衣不蔽体。他们赖以生存的牛羊骆驼，几乎全没有了。

乾隆皇帝知道土尔扈特人到达伊犁后，马上派官员前往发放救济物品，将他们安置在伊犁河流域放牧。伊犁及甘肃、陕西、宁夏各地各族百姓筹集了二十多万头牛羊、四万多石米麦、五万多件皮大衣、六万多匹棉布，还有大批的毡帐，送到伊犁，交到远道归来的兄弟姐妹手上。乾隆四十年（1775）秋天，乾隆皇帝在热河木兰围场和避暑山庄，多次接见、宴请了渥巴锡等首领。乾隆帝封渥巴锡为卓哩克图汗，还亲撰《土尔扈特全部归顺记》和《优恤土尔扈特部众记》两文，刻石立碑，永作纪念。

土尔扈特部回归的英雄壮举，创造了举世闻名的民族大迁徙的奇迹，震动了当时的中国与西方世界，充分表现了中华民族不畏强暴、反抗压迫剥削与酷爱和平自由的光荣传统，将永远光耀史册。

# 林则徐虎门销烟

进入 19 世纪以来，以英国为代表的西方资本主义国家发展迅速，急需打开中国这个巨大的市场。而清政府实行闭关自守的政策，只在广州一地同外国通商。中国的封建经济是自给自足的小农经济，进口的工业品没有销路，外国商人于是将目光转向了罪恶的鸦片贸易。鸦片是一种摧残人体的毒品，会使人吸食成瘾，这就使鸦片交易始终保持着六倍以上的高额利润。西方国家向中国全力倾销鸦片，仅在道光帝执政的前十五年间，就造成了六千万两以上的白银外流，全国染上烟瘾的人口达二百多万。

道光十八年（1838），鸿胪寺卿黄爵滋上书道光皇帝，要求禁烟。林则徐附议，他说："如果再不严禁鸦片，那么十年以后，中国将没有可发军饷的白银，没有可以抵御外敌的军队，国家就要被鸦片蛀空了！"于是，道光帝特命林则徐为钦差大臣，前往广州查禁鸦片。道光十九年（1939）二月十六，林则徐、邓廷桢及广东海关监督豫坤乘船到达虎门，会同广东水师提督关天培验收鸦片。

当时的英国驻华商务监督义律是一个狡猾的人，他不肯缴出鸦片，面对林则徐的命令不理不睬。美国及荷兰烟商承诺永不再贩鸦片，义律却从中破坏，缴烟途中运走鸦片，又以各种理由拖延缴烟时间。林则徐于是严正声明："鸦片一日没有断绝，我就一日不回京城，我发誓要让这件事有始有终。"在林则徐的坚持下，义律和鸦片贩子同意缴出全部鸦片。三月十九日，民间缴烟完毕，拘捕吸毒者、烟贩一千六百人，收缴烟膏四十六万一千五百二十六两、烟枪四万二千七百四十一杆、烟锅二百一十二口。四月初六，烟贩缴烟完毕，共收鸦片一万九千一百八十七箱又二千一百十九袋。四月十一日，兰士禄·颠地等英国商贩被驱逐出境。次日，义律亦将十三行（经营鸦片的商行）的英国人撤到澳门。

林则徐本想将鸦片运回京师销毁，不过御史邓瀛认为就地销毁更好，道光帝也同意了。于是，林则徐决定于虎门公开销烟。此前，林则徐曾用传统方法销烟，即把烟土拌桐油焚毁。但是，这种方法会使鸦片成分渗入地中，吸鸦片成瘾者事后掘地取土，仍能炼出不少鸦片。于是，林则徐打算用"海水浸化法"销烟。即在海边挖两池，池底铺石，四周钉板，再在池旁挖一水沟。将盐水倒入水沟，顺沟流入池中。接着把烟土割成四瓣，倒入盐水中泡浸半日，再投入石灰，石灰遇水便沸，烟土溶解。士兵拿木耙不停地在池中搅

拌，务求烟土完全溶入水中。待退潮时，池水被冲入大海。最后用清水洗刷池底，一滴不留。

四月二十二日，虎门销烟正式开始。虎门搭起了一座礼台，前面挂着一面黄绫长幡，上书"钦差大臣奉旨查办广东海口事务大臣节制水陆各营总督部堂林"，广东各高级官员全部出席。由于销烟是公开的，加上此时正是端午节前后，因此人们纷纷前往虎门浅滩。不贩鸦片的外商、领事、外国记者、传教士等等，都专程从澳门或其他地方赶来参观。美商Ｃ·Ｗ·金、传教士裨治文、商船船长弁逊等十人不信林则徐有办法把所有鸦片完全销毁，于是前来实地考证。林则徐干脆引他们走到池边，让外国观察员近距离观看销烟过程，并进行讲解。经过反复考察，这些观察员皆心悦诚服，向林则徐脱帽致敬。

关天培浴血虎门

关天培，字仲因，号滋圃，谥忠节，江苏淮安府山阳县人，晚清著名爱国将领。

1834 年，关天培调任广东水师提督。他到广州后，亲自查看海防要塞，决定增修和加固虎门炮台，并加紧操练军队。1839 年春，林则徐到达广州，关天培坚决支持和配合禁烟运动，出动水师收缴大量鸦片，在虎门全数销毁。他还协助林则徐整饬防务，严防外国侵略。

1839 年 11 月，英军挑起穿鼻之战，关天培虽身上多处受伤，仍奋不顾身，督令官兵发炮还击，重创英舰窝拉疑号，逼迫英军逃回尖沙咀。在随后的官涌之战中，又打退英军对官涌的六次袭击，并发动反攻，将英军赶出官涌洋面。英侵略者头子义律见武力打不开广州门户，便暗中派人星夜送信，许以高官、重金，妄图收买关天培。关天培怒斥送信者，并将信掷在地上，挥刀砍下身边碗口粗的木棉树，说："告诉你的主子，高官、重金收买不了我，我人在广州在，誓与广州共存亡。"

鸦片战争爆发后，关天培在林则徐领导下，率兵英勇反击英军。英军无法侵占广东，只得分兵北上，进犯天津。而昏聩的道光皇帝竟在此时下令将林则徐革职，派直隶总督琦善任钦差大臣，与英军交涉。琦善一到广州，就下令撤除了关天培多年苦心经营的海防工事，水师被遣散三分之二，战斗力最强的募勇被全部遣散。

1841年1月7日，英军以炮舰二十余艘、士兵两千多人突然袭击沙角、大角两炮台，守军陈连升部血战，全部壮烈牺牲。关天培将自己的几枚牙齿和几件旧衣装入木匣寄回家中，表明自己死战的决心。2月25日，英军直逼虎门炮台群的第二道防线，关天培在琦善拒绝增援的情况下坐镇指挥，当众宣誓："人在炮台在，不离炮台半步！"2月26日，英军向虎门大举进攻。敌人在炸断拦江铁链，攻占横档等几座炮台之后，全力轰击关天培所在的靖远炮台。关天培率领将士挥刀上阵，指挥士兵顽强坚守。战斗从中午打到深夜，进行得异常激烈。无奈寡不敌众，守卫炮台的将士大半英勇牺牲，关天培也受伤十多处，周身鲜血淋漓，但他仍屹立阵前，亲手燃炮射击。这时，敌人从炮台背后蜂拥而上，一士兵要将关天培背下阵地，他横刀拒绝了。为了不使提督大印落入敌手，关天培急令随从将大印带走，随从哭着拽住他的衣襟，求他一同撤走。关天培厉声拒绝，坚持指挥，激励士兵奋力苦战。忽然，敌人又一发炮弹袭来，这位年逾六旬的老将不幸中弹牺牲。最后，守卫炮台的四百多名将士，全部壮烈殉国。

陈化成血染吴淞口

　　陈化成，籍贯福建同安，十六岁时随伯父移居台湾。后入行伍，历任把总、千总、参将、副将、总兵等职，一路擢升至金门总兵。1840年6月鸦片战争爆发后，清政府为了加强江南的防务，特派陈化成为江南提督。陈化成到任后五天，即亲率士兵赶赴吴淞口视察，加紧部署吴淞防务。英国侵略者攻陷定海，窜到长江口，见吴淞戒备森严，不敢贸然进攻，于是北犯天津。他们在天津得到投降派代表琦善的种种许诺后，返回广东。投降派于是开始散布"夷人就抚，海防可撤"的论调。

　　陈化成任江南提督两年，枕戈海上，日夜戒备。东南沿海一带自鸦片战争爆发后不时遭到英国侵略者的侵扰，士兵时常惶恐不安。独宝山、吴淞一带，因陈化成坚守吴淞要塞，军气胆壮。陈化成在吴淞口至上海城之间修筑了三道坚固的防御工事，每道工事都配备了雄厚的兵力和五百门以上大炮。又在吴淞东西炮台要害处，沿海塘筑了二十六个土堡。并在上海城内设立铸炮局和火药局，派人到各地购买"精铁"，铸大炮和炮弹，先后铸成两千斤至八千斤大炮约三千门。

陈化成日夜勤于军务，与士卒同甘苦。1840年冬天，江南大雪，地上积雪数尺，他经常踏雪到各营查看，发现士兵有穿得单薄的，马上添置棉衣。有一次飓风大作，天降暴雨，潮水溢出塘面，部将劝陈化成移帐，他拒绝说："我撤到高而干燥的地方，士兵却住在低下窄小的地方，我于心何忍？"军中都称他"陈老佛"。他对军纪要求很严格。为防守吴淞、宝山，清廷调来了徐州总兵王志元部，归陈化成指挥，但王不听调度，部下纪律松弛，经常滋扰地方。陈化成召来王志元，惩治其部下违法者十余人，从此王部才慑服。

陈化成办事总是身先士卒，饮食亦不讲究，即使生病也不忽视巡防。他出入从简，不用仪仗和随从。为人正直，不好阿谀。有一次他过生日，一个部将制了一面金字旗作为寿礼，他很生气，下令将金字旗撕裂。

1841年8月，英国侵略者攻陷厦门。9月，再次攻陷定海及镇海、宁波。厦门陷落，陈化成家乡遭难，他叹道："毁家不足忧，恨不能驱敌于国门。"定海失陷，葛云飞、王锡朋、郑国鸿三总兵为国捐躯，陈化成老泪纵横，他激励部下说："武臣卫国，死于疆场是我们的荣幸，大家要努力。"1842年，英国侵略者进一步扩大战争，拟沿长江内犯，占领南京。5月，英军攻陷江浙两省海防重镇乍浦，企图利用奸细攻占上海，但见吴淞防备极严，未敢轻入。陈化成自度敌人必攻吴淞，于是进一步加紧固防，稽查奸细，申明纪律，激励士卒，誓师抗战。

英国侵略者中传言："不怕江南百万兵，只惧一人陈化成。"为了攻下吴淞要塞，侵略者们颇费心机。他们先派奸细窥探吴淞炮台；又在炮台外反复试探，恣意挑衅；接着用木排浮来战书。陈化成将战书掷于海塘之外，同时发布命令，准备作战。当时两江总督牛鉴被敌人的坚船利炮吓坏了，亲至陈化成兵营，劝说陈化成迎接犒劳侵略者，企图逃避战斗。

陈化成愤然说道："我奉命剿贼，有进无退。"他对兵士们说："我陈化成在海上战斗了四十年。出生入死的次数，那是数也数不清的。人总有一死，为了保卫国家，就是牺牲了，也是光荣的。"在他的激励下，驻守炮台的将士们个个斗志昂扬，决心打击侵略者。

6月16日，英舰向吴淞进攻。眼看英军如虎狼般扑向炮台，陈化成亲自指挥炮手狙击敌舰。他让炮手待英军靠近时大力开火，很快便击沉了三艘敌舰。牛鉴看到英军密密麻麻，枪炮堆积如山，恐惧不已，多次派人找到陈化成，劝说他退兵，以保性命，但每次都被陈化成愤怒地斥退了。牛鉴见退兵无望，便弃炮台而逃。这样一来，东炮台和小沙背就落入英军之手。英军集中全部兵力转而进攻西炮台。参将周世荣也畏惧敌人，劝说陈化成后撤。陈化成拔出腰中佩剑，呵斥道："胆敢投降者，格杀勿论！"周世荣只得趁陈化成不备，仓皇遁逃。

此时的陈化成处境异常艰难，外无援兵，内有降将，大批将士死伤惨重，而牛鉴和周世荣的逃遁又使得军心动摇。他右肋受伤，鲜血染红了衣襟，可仍旧屹立不倒，亲自安装炸药，燃放大炮，令在场将士感动不已。最后，一颗炮弹击中陈化成胸口，他口喷鲜血，殉职疆场，吴淞炮台也随之陷落。

陈化成以年近七十之躯，誓死卫国，可谓真正的军人。在他遗体入葬时，吴淞及上海数万人自发为其送行，人们拥道痛哭，呼天号地，十里可闻。

# 三元里抗英

1841 年 5 月 25 日，英军攻陷广州城北诸炮台，设司令部于地势最高的永康台。永康台，土名四方台，距城仅一里，大炮可直轰城内。清军统帅奕山等求和，5 月 27 日与英订立《广州和约》，以支付英军赎城费、外省军队撤离广州等条件，换取英军交还炮台、退出虎门。但和约墨迹未干，英军就不断窜扰西北郊三元里及泥城、西村、萧冈等村庄，抢掠烧杀，奸淫妇女。广大民众义愤填膺，各地团练共图抵抗。5 月 29 日，三元里村民击退来犯小股英军。他们料定英军必会报复，于是在村北三元古庙前集会，相约以三星旗作为指挥战斗的令旗，宣誓"旗进人进，旗退人退，打死无怨"。爱国士绅何玉成等出面联络附近一百余个乡的群众，组织义勇队，鼓励乡民参加抗英斗争。

5 月 30 日，三元里附近各乡群众数千人，手持大刀、长矛、锄头、铁锹、木棍，高举三星旗，向英军盘踞的四方炮台发起进攻。英军司令卧乌古率部顽抗。三元里民众佯装不敌，迅速撤退。英军紧追不舍，于牛栏冈附近中伏，只得强行突围。

5月31日，三元里人民继续围攻英军，并包围了四方炮台。卧乌古不敢再战，转而威胁官府，扬言要毁约攻城。奕山等闻讯恐慌，急派广州知府余保纯出城，先安抚英军，复率番禺、南海两县令向群众组织中的士绅施加压力。士绅潜避，围攻英军的群众逐渐散去，台围遂解。英军撤出虎门时发出告示，恫吓中国人民"后勿再犯"。人民群众当即发出《申谕英夷告示》，警告英军，若敢再来，"不用官兵，不用国帑，自己出力，杀尽尔等猪狗，方消我各乡惨毒之害也"！

甲午忠魂邓世昌

邓世昌，原名永昌，字正卿，清末爱国将领。1849年10月4日生于广东番禺，祖籍广东东莞怀德乡。他生于富裕人家，其父邓焕庄专营茶叶生意，曾在广州及天津、上海、武汉、香港、秦皇岛等地开设祥发源茶庄，并始建邓氏家祠。邓世昌少时随父移居上海，学习算术、英语。后来，他考入沈葆桢创立的海军学校驾驶专业。1880年，李鸿章为建设北洋水师搜集人才，因邓世昌"熟悉管驾事宜，为水师中不易得之才"而将其调至北洋属下。1887年春，邓世昌率队赴英国接收清政府向英、德订造的"致远""靖远""经远""来远"四艘巡洋舰，于该年年底回国。归程中，邓世昌沿途安排舰队操演练习。归来后，因接舰有功，升副将，获加总兵衔，任"致远"舰管带。1888年10月，北洋海军正式组建成军，邓世昌升至中军中营副将。1891年，李鸿章检阅北洋海军，邓世昌因训练有功，获"葛尔萨巴图鲁"勇名。

明治维新使日本走上了资本主义道路，对外积极扩张，确立了以侵略中国为中心的"大陆政策"。早在

1867 年，明治天皇睦仁登基伊始，即在《天皇御笔信》中宣称"开拓万里波涛，宣布国威于四方"。

1894 年，朝鲜爆发东学党起义，清政府派淮军增援镇压，日军也借口保护使馆与侨民，派兵进驻

汉城。日方对战争蓄谋已久，因此不断增兵，最终发动了丰岛海战，引发了甲午战争。清政府令李鸿章备战。而此时，李鸿章仍不主张增兵赴朝，并希冀中日能共同撤兵。直到中日谈判破裂，日本正式发动战争后，李鸿章才不得不应战。北洋水师护送四千余名援军入朝，返航时在大东沟遭遇日军袭击，北洋水师仓促应战，黄海海战爆发。

战斗开始不久，北洋舰队旗舰"定远"舰由于年久失修，主炮炮塔起火，丁汝昌烧伤，信旗被毁。丁汝昌拒绝随从把自己抬入内舱，坚持坐在甲板上督战。日军第一游击队四舰利用航速优势绕攻北洋舰队右翼"超勇""扬威"二舰，二舰相继被击中起火，退出战斗。日舰"吉野"被北洋舰队击中起火，但很快被扑灭。"超勇""扬威"二舰又相继沉没。

在混战中，北洋舰队一直冲杀在前的"致远"舰受到"吉野"等日舰的集中轰击，多处受伤，船身倾斜。邓世昌正是"致远"号的舰长。他有强烈的爱国心，常对士兵们说："哪个人不会死？但愿我们死得其所，死得值！"邓世昌见"吉野"舰凭借自身的敏捷和火力，横行无忌，决意与之冲撞，同归于尽。邓世昌驾驶"致远"舰毅然全速撞向日本主力舰"吉野"号右舷，日本官兵见状大惊失色，集中炮火向"致远"射击。一

发炮弹不幸击中"致远"舰的鱼雷发射管，管内鱼雷发生爆炸，导致"致远"舰沉没。邓世昌坠落海中后，其随从以救生圈相救，被他拒绝，并说："我立志杀敌报国，如今死于海中，正是成全了我的报国之义，为什么还要求生呢！"邓世昌誓与军舰共存亡，最后沉没于波涛之中，与全舰官兵二百五十余人一同壮烈殉国。

聂士成，字功亭，安徽合肥北乡人，清朝将领。幼年父死，家境贫寒，与母亲相依为命。聂士成自小好行侠仗义，后投身军旅，开始了四十年戎马生涯。先后参与中法战争、甲午战争、庚子之变，战功卓著，于庚子之变的天津保卫战中，中炮阵亡。

1894 年 10 月 7 日，日本陆军第一集团军突破鸭绿江清军防线。清军为阻止日军向辽阳、奉天推进，由总兵聂士成等率部驻守摩天岭及其东侧之连山关，扼堵由凤凰城通往辽阳的唯一通道。另由黑龙江将军依克唐阿率部驻守摩天岭以东百余里之赛马集一带，以为犄角之势。11 月中旬，日军进攻摩天岭和赛马集。11 日，日军攻占连山关。聂士成指挥所部在摩天岭丛林中张旗帜、鸣鼓角为疑兵，使日军未敢轻进。13 日，日军攻赛马集，被清军击退。25 日，驻守赛马集和摩天岭的两路清军同时出击，对草河口一带日军实施夹攻，毙伤数十人。聂士成部乘势夺回连山关。此后，清军利用寒冷的天气，依托有利地形，在固守阵地的同时，不断派兵游击，出没于草河口等地，并相机袭击凤凰城。日军被阻于摩天岭至赛马集一线，疲于奔命，最后被迫退回凤凰城。这是甲午战争中清军唯一成功的阻击战。

甲午战争之后，聂士成率领新训练的武卫前军驻守京畿地区，拱卫北京。1900年，八国联军入侵中国，从大沽口登陆，向北京的门户天津发起了攻击。聂士成率领部队驻守在天津城外，他对直隶总督裕禄说："士成在一日，天津有一日；天津如失守，士成不见大帅！"聂士成年迈的母亲也从家乡安徽合肥捎来了口信："聂家无孬种！"希望儿子在国家危难之际，英勇杀敌，切莫贪生怕死。聂士成率军与八国联军作最后的决战。7月5日，聂军与义和团合力围攻紫竹林租界，昼夜与敌军激战。

7月9日凌晨，八国联军六千人向驻守八里台的聂军反扑，另外五百名日军也从聂军背后紧逼。聂士成虽陷入联军重重包围之中，仍沉着指挥，激战两个多小时；在弹药匮乏的情况下，率军突围至八里台附近。此时聂士成双腿均已负伤，营官宋占标劝他退下，他仍横刀跃马挺立桥头督战，并向左右说道："此吾致命之所也，逾此一步非丈夫也！"进攻的德国将军苦战多时，仍未能得逞，于是集中炮火射向聂士成和他的战马。一匹战马倒下了，聂士成又换乘另一匹。他一连换乘了四匹战马，两腿先后被打断，身上数处受重伤，最后壮烈殉国。

马玉昆，字荆山，亦作景山，民间称为马三元，安徽亳州市蒙城马集人。1894年7月，朝鲜战事日急，清政府让马玉昆率毅军六营两千人赴朝鲜，于8月4日入平壤。与马玉昆同时入朝者还有左宝贵的奉军、卫汝贵的盛军及丰升阿的奉天练军盛字营等，计二十九营，一万四千余人。清政府任命叶志超为驻平壤各军总统。

赶到平壤后，马玉昆率领所部人马立即进入阵地。遥闻远处炮声隆隆，他知道日军正在逼近，便命令全军检查枪支弹药，做好战斗准备。谁知这一查，又查出新问题——刚刚领到的军械，多手不应心，有的放不出弹，有的弹未放出枪筒就已先行炸破。马玉昆起初以为士兵不会使用，夺过枪支亲自试放，他用尽力气，也不见子弹出来，折开检查，才发现其中机关多已锈损。原来这批枪械系从德国购进，德国军火商为了赚钱，竟把一部分旧枪掺杂其中。

马玉昆当即下令对全部枪械仔细检查，将管用的枪支集中起来给守卫在前哨阵地的部队使用，其余将士抽出战刀，准备上阵肉搏。转瞬间日军逼近，炮弹如雨点般打将过来，一片片火焰腾空而起。随后，数万日军步兵接近清军阵地，马玉昆一声令下，士兵们扣动扳机，众多日军中弹身亡。但日军士兵还在一轮接一轮地向清军阵地冲锋。马玉昆脱掉上衣，抽出军刀，大喝一声："弟兄们，跟我来！"他冲向日军，两千名官兵纷纷跟着自己的统帅跳出战壕，猛虎下山般冲向日军阵营。就这样，日本军队数万人的进攻被马玉昆率领的两千名清军打退了。这一天正是 1894 年的中秋节，随后几天的战斗中，日军的多次冲锋均被打退，大同江岸成了日本侵略军难以逾越的天堑。

不料就在这时，驻守城北的左宝贵在阵地战死，副都统丰升阿刚刚交火便自行撤退，总兵卫汝贵没等日军来到便临阵脱逃。统帅叶志超看大势不利，在平壤城头树起了白旗。马玉昆飞马驰入城中，质问叶志超为何投降，叶志超回答说："左宝贵已经阵亡，卫汝贵已经逃走，剩下你和丰升阿兵少将微，如何能守得住？只好扯起白旗，免得全军覆没。"

马玉昆见主帅如此怯战，只得命所部军队撤退到东北的营口、田台庄等地继续抗击日寇。他的部队在援朝抗日期间，军纪严明，鸡犬无惊，秋毫无犯，深受朝鲜人民敬仰。当地居民为他专门建庙祭祀，把他与唐朝的薛仁贵、明朝的戚继光并称为"中国三杰"。

马玉昆率军退回国内后，跟从毅军统领宋庆防守鸭绿江下游九连城防线。10 月 25 日，日军由朝鲜义州越江来攻，首先进攻聂士成、马金叙防守的虎山阵地。在战斗危急时刻，马玉昆率部出援，奋勇杀敌。但由于守九连城的铭军刘盛休部不战而溃，清军防线全线瓦解。马玉昆只得随宋庆退走凤凰城。30 日，凤凰城又失，复退保摩天岭。

时由辽东半岛花园口登陆的日军第二军入侵金旅，旅顺危急。清廷调毅军回援。马玉昆又从宋庆回军西进，先后与日军战于金州、海城附近之马圈子、感王寨。

1895 年 2 月下旬，数路清军联合反攻被日军占领的海城。24 日，马玉昆、宋庆、徐邦道与日军战于大石桥附近的大平山。马玉昆率部防守山北之东、西七里沟及附近村落，奋力杀敌，并驰驱于冰雪间，督队力战。坐马中炮死后，他换匹战马，继续督战。战斗中，他们被日军包围，马玉昆率亲兵杀出重围，后见还有亲兵被围困其中，又复入重围，杀出一条血路。亲兵一百余人随其两次突围，最后仅剩二十余人。

大平山失守后，马玉昆随宋庆退往营口，3 月 9 日与日军战于田庄台。马玉昆分守田庄台东北曹家湾子，虽奋勇抵抗，但由于主将宋庆指挥失误，被日军分路包围截杀，最终失败。不久，清政府战败，《马关条约》签订。甲午战争虽然失败了，但马玉昆的勇敢善战，却为日人所畏惧。如大平山之战，连日方的战史中也不得不承认"此日之中国兵颇为顽强""忠勇力战""决无退却之色"。

## 冯子材镇南关大捷

1883 年，法国军队进攻越南顺化，意图使越南脱离中国的藩属地位，成为法国的保护国。这使得中国清朝政府朝野大哗，慈禧太后大为震怒，下诏向越南派兵，中法战争开始。

1885 年 2 月，法国再次增兵越南，在统帅波里也指挥下，法军集中两个旅团约万人的兵力向谅山清军发动进攻，广西巡抚潘鼎新不战而退。2 月 13 日，法军未经战斗，即占领战略要地谅山。2 月 23 日，法军进犯文渊州，守将杨玉科力战牺牲，清军纷纷后撤，法军乘势侵占广西门户镇南关，炸毁了关门。由于潘鼎新的战败，清政府革去了他广西巡抚的职务，任命年近七旬的老将冯子材帮办广西军务，领导镇南关前线的抗法斗争。一路上，冯子材收容整顿了潘鼎新的溃军，斩杀了几个在败退过程中趁乱大肆抢劫的散兵游勇，总算把人心稳定了下来。

冯子材带着陈嘉、苏元春、王德榜等将领仔细观察了关内关外的地形。镇南关已毁，修复已经来不及了。冯子材当机立断，决定将关内五公里处的关前隘作为决战战场。这里两旁都是高山峻岭，中间只有一条通路，形势险要，易守难攻。战场选定后，冯子材率部在隘口抢筑了一条三里多的长墙，横跨东、西两岭，墙外挖掘深沟。又在深沟前的开阔地上挖了几个大坑，坑里埋了数万斤火药。再将坑用土填平，植上草皮，伪装成杂草乱长的荒地。还在东、西两岭的山顶修筑了炮台，以便居高临下，轰击来犯的法军。

1885 年 3 月 21 日夜里，冯子材亲率一支精兵，袭击法军前哨据点文渊城。他们一度冲进文渊街心，毁坏了三座炮台中的两座。等法军将领尼格里从梦中惊醒，组织兵力反扑时，冯子材等人早已消失得无影无踪了。

尼格里从法国踏上越南国土后，一直耀武扬威，从没吃过亏。他决定立即向冯子材发动进攻，于是兵分三路，直扑镇南关。

当时法军有一种新式武器，名叫开花大炮，炮弹射程远，落地炸开犹如焰花四溅，杀伤面积大。清军在东岭临时修筑起来的五座炮台被炸毁了三座，东岭炮台指挥官陈嘉也身负重伤，昏迷了过去，士兵们将他抬到余下的两座炮台里。法军一拥而上，占领了山头，架起开花炮，炸击关前隘长墙。在炮火掩护下，尼格里命令数千士兵向长墙冲锋。当法军踏上深沟前的荒草地时，只听"轰"的一声巨响，埋在几个深坑里的火药爆炸了，一百多名法军飞上了天。尼格里吓得从战马上摔下来，法军狼狈地往后退去。

陈嘉被惊天动地的巨响震醒了。他发现自己躺在炮台的弹药库里，忙问身边的士兵发生了什么事。士兵告诉他，法军冲向长墙，被埋在荒草地里的火药炸死了好几百人。陈嘉一跃而起，说："快向敌人开炮呀！"士兵回答："我们剩下的两座炮台，地势不好，打不着敌人！"这时，被法军夺去的三座炮台开炮了，法国开花炮嗖嗖地飞向长墙。陈嘉

急了，抓起长矛，吼道："快，抢回炮台，否则长墙就完了，冯大人就危险了！"陈嘉带伤组织士兵抢夺炮台，法军自然不肯轻易放弃，双方展开了拉锯战。

冯子材见东岭吃紧，命苏元春率部从长墙绕到东岭，去援助陈嘉夺回炮台。苏元春有点犹豫，说："尼格里马上要发动第二次进攻了，我一走，守墙力量减弱，就更危险了！"冯子材说："不夺回东岭炮台，长墙更危险。去吧，有我冯子材在，就有长墙在。我虽然老了，骨头还是硬朗的！"苏元春含泪告别老将军，去增援东岭了。

苏元春率部赶到东岭参战，王德榜部也自油隘袭击法军，并一度切断了法军运送军火、粮食的交通线，牵制了法军预备队的增援，有力地配合了东岭的战斗。入夜，清军进一步调整部署，由苏元春部协助冯子材守长墙，王孝祺部夺西岭，陈嘉部守东岭。冯子材还另调驻扣波的五营士兵前来抄袭法军左翼。次日晨，尼格里指挥法军在炮火掩护下，分三路再次发起攻击，沿东岭、西岭和中路谷地进攻关前隘阵地。冯子材传令各部将领："有后退者，无论是谁，都要斩首。"激战中，法军接近长墙，冯子材持刀大呼，率先带领两个儿子跃出长墙，冲向法军。清军全军感奋，一齐出击，与法军进行白刃格斗，战斗异常惨烈。战至中午，终将中路法军击退。

与此同时，陈嘉部、蒋宗汉部在东岭与法军展开了激烈争夺战。傍晚时分，王德榜在击溃法军增援部队并消灭其运输队后，从关外夹击法军右侧，配合东岭守军夺回了被占的堡垒。这时，王孝祺也已击退沿西岭进攻之敌，并由西岭包抄到法军后面，使其腹背受敌。法军三面被围，死伤近三百人，后援断绝，弹药将尽，尼格里只得下令撤退，狼狈逃回文渊、谅山。冯子材抓住有利战机，率部乘胜追击，于 26 日攻克文渊，29 日攻克谅山，毙法军近千人，重伤法军指挥官尼格里，后又将法军残部逐至郎甲以南。

镇南关大捷是中国近代反侵略战争史上战果显赫的战役之一，在中国战争史上占有重要地位。此战极大地鼓舞了中越两国军民的斗志，沉重打击了法国侵略者的嚣张气焰，从根本上改变了中法战争的形势。